Michael Koglin

Dinner for One auf der Titanic

Michael Koglin

Dinner for One auf der Titanic

Der 40. Geburtstag
und was *tatsächlich* passierte

Mit Illustrationen von
Rudi Hurzlmeier

Knaur

Besuchen Sie uns im Internet:
www.knaur.de

Ein Unternehmen der Droemerschen Verlagsanstalt
Th. Knaur Nachf. GmbH & Co. KG, München

Umschlaggestaltung: ZERO Werbeagentur, München
Umschlagabbildung: Rudi Hurzlmeier
Satz: Wilhelm Vornehm, München
Druck und Bindung: Ebner&Spiegel, Ulm
Printed in Germany
ISBN 3-426-66116-0

2 4 5 3 1

Dinner for One auf der Titanic

James

Amerika, Amerika! Irgendwo da hinter dem Horizont lag es. Das goldene Land. Nur ein Schritt und jede Menge Wasser trennten ihn von diesem Ufer der Glückseligen. Ja, dieser gewaltige Kontinent erwartete ihn mit offenen Armen. Bereit, ihm all seine Reichtümer zu Füßen zu legen.

James blickte in die Ferne. Über den Kaianlagen kämpften zwei kreischende Möwen um einen Hering. Ein kräftiges Tuten verscheuchte sie aus der Nähe des Piers. Das Nebelhorn brachte seinen Bauch zum Vibrieren, und James schien es, als summe auch die Pfanne unter seinem Arm in froher Erwartung leise ein Lied von Freiheit und Abenteuer. Fischerboote und kleine Schlepper dümpelten im Hafenwasser, unwirklich wie Boote in einer Spielzeugwelt, über die sich majestätisch mit vier gewaltigen Schornsteinen die Titanic erhob.

Er war in Southampton, die erste Etappe war geschafft. Zärtlich fuhren seine Fingerspitzen über den Griff der Pfanne, die er mit seinem Ellbogen an den Körper presste. Ja, dieses runde Stück Eisen und seiner Hände Arbeit würden dem Schicksal auf die Beine helfen. Drüben, in der Neuen Welt.

James strich das karierte Leinentuch glatt, das er um die Pfanne gewickelt hatte. Sorgsam hatte er sie geputzt und eingefettet. Auch wenn er zu einer Haushaltspfanne hatte greifen müssen, weil trotz aller Bemühungen im gesamten Königreich eine Goldwäscherpfanne einfach nicht aufzutreiben gewesen war, so ein gediegenes Stück Eisen wollte umsorgt sein. Sie würde ihrem Besitzer die liebevolle Pflege tausendfach danken. In glänzenden Goldbrocken. An diesem wohlgeformten Stück Eisen entschied sich sein Schicksal. Mit seiner Hilfe würde er die Nuggets aus dem Schlamm des Klondike zuerst ans Licht des Tages und anschließend in seine Tasche befördern. Die Pfanne besaß eine Seele. Keine Frage. Womöglich war sie ein wenig störrisch und zickig. Wie eine Frau. Dennoch, sie würde das ihre tun. Drüben, an den Gestaden jenseits des großen Wassers, das er, James McMullen, jetzt im Begriff war mit einem gewaltigen Sprung zu überwinden. James räusperte sich. Nun, besser hätte das wohl auch ein Dichter nicht in Worte fassen können. Klang es nicht wie der Beginn eines verheißungsvollen Romans?

James schob die Ärmel hoch. Der Frack war wegen der gewaltigen Reichweite des Vorbesitzers etwas üppig ausgefallen. Arme wie Windmühlenflügel, dachte James. Aber das war ein Problem, das mit Hilfe einiger Sicherheitsnadeln schnell zu beheben war. Die Leute redeten über das Zeitalter der Dampfmaschine, über Glühlampen, Telephone und Automobile. Dabei war es die Sicherheitsnadel, die die Welt im Innersten zusammenhielt. Ja, er wusste Bescheid.

* * *

An den Manschetten war der Stoff blank gescheuert, und die Naht löste sich an einigen Stellen auf. Auch das ließ sich flicken. Kleinigkeiten. An Bord war dafür genügend Zeit. Taufrisch würde der Frack aussehen, wenn er ihn sich erst mit Nadel und Faden vorgenommen hatte. Fast so schön, wie er einst aus der Werkstatt des Schneiders gekommen war. Die Arbeitskleidung musste korrekt sitzen. Zumindest bei der Beschäftigung, die er für die nächsten Tage vor sich hatte.

Auch das eigentlich nicht mehr als Kleinigkeiten. Hier ein bisschen die Betten aufschütteln, dort einen Tee kochen und vielleicht im Bordtelegraphenamt ein paar Depeschen aufgeben. Ein Klacks. Und das alles bei gesunder Seeluft und auf dem luxuriösesten Schiff, das auf den sieben Weltmeeren zu finden war.

Das Schiff schnaufte ungeduldig Rauch durch seine Schornsteine. Wieder dieses kräftige Tuten. Selbst der Boden hier am Kai der White Star Line vibrierte.

Seine Zukunft begann mit einem würdigen Namen. »Titanic«, las James noch einmal den am Schiffsbug prangenden Namen. Geradeso, als könnte er das alles noch gar nicht glauben.

Fest vertäut und kraftstrotzend lag sie im Wasser. Die Aufbauten ragten in den Himmel wie eines dieser neuen Hochhäuser von Southampton. Ein schwimmender Turmbau zu Babel. Oben leuchtete sie in strahlendem Weiß, an den Pollern rieben sich knirschend die Taue. James kam es vor, als zerre die Titanic wie ein junges Fohlen an den Zügeln. Sie konnte es gar nicht abwarten, endlich den Bug in die Atlantikwellen zu nicken. Ein mächtiger Koloss aus Stahl und Nieten, aus Dampfkraft und den kühnsten Ideen, die Schiffsbauer, Ingenieure und Innenarchitekten je ersonnen hatten. Ein solides Schiff und doch ein »Palast der Meere«, wie selbst die *Times* voller Ehrfurcht geschrieben hatte.

So viel Kraft und Schönheit hatten ihren Preis. Unerschwinglich wäre die Passage gewesen, und so war James kurz entschlossen in die Dienste dieser wunderlichen Miss Sophie getreten. Und jetzt stand er hier am Kai. Er, James McMullen. Bereit zur Abfahrt. Auf der Zunge spürte er sie, die Freiheit. Sie schmeckte ein wenig nach Minze. Und nach Farbe. Und natürlich nach Salz.

TITANIC
WHITE STAR LINE

Er hatte alles, was zu einer glänzenden Karriere gehörte. Vor allem Fleiß und Disziplin. Hatte er nicht tagaus, tagein in Pinchtons Garage stinkendes Benzin in diese neuen Blechdroschken gefüllt? Sicher, es war hektisch zugegangen. Manchmal kamen bis zu zehn Autos. An einem Tag! Kein Wunder, dass ihm bei der Hetze dieser verhängnisvolle Fehler mit dem Rolls Royce passiert war. Wie sollte er denn ahnen, dass die Einfüllstutzen für Öl und für Benzin gleich nebeneinander lagen? War er Hellseher? Und schließlich hatte er doch gleich geholfen, das Auto zur Seite zu schieben.
Das kleine Missgeschick mit seinem Erbe, nun ja. Das Häuschen, das seine Mutter ihm vermacht hatte. »Glamorous Star« hieß dieser verdammte Gaul, auf den er alles, was er flüssig hatte, und die Besitzurkunde des Häuschens gesetzt hatte. Ein todsicherer Tipp. Und dann war der verdammte Gaul als Vorletzter über die Ziellinie gehumpelt. Doch ist die Nacht am dunkelsten, ist auch der Morgen nicht mehr weit. Aus Mitgefühl hatte man ihm auf der Rennbahn von Ascot eine Arbeit angeboten. Monatelang war er in verantwortlicher Position als Lochzutreter nach jedem Rennen über das Geläuf marschiert. Löcher füllen und die Pferdeäpfel in einen Eimer schaufeln.
Mit Fleiß und seinem nie dagewesenen Eimerrekord hatte er sich bis zum Stallburschen hochgearbeitet. Alles hatte er für seinen Stall gegeben. So manches Rennen wäre ohne ihn, James, anders verlaufen. Immer wieder hatte er den Pferden mit einer guten Portion Kaffeesatz ordentlich auf die Beine geholfen. Alles lief bestens, wenn nicht einer dieser verdammten Gäule noch in der Startbox einfach auf das Geläuf gekotzt hätte. Vor den Augen der königlichen Familie!
Bis zum Rennstallbesitzer hätte er es bringen können. Stattdessen hatte man ihn wegen Dopings vor Gericht gezerrt. Da

hätte man schließlich auch gleich die Jockeys verurteilen müssen, die vor dem Rennen einen Kaffee tranken. Mit Mohrrübenbrei gemischt, waren die Pferde doch ganz wild auf den Kaffeesatz. Gierig hatten sie den Muntermacher-Brei verschlungen ... Vorbei und vergessen. Nach vorne denken, hieß die Devise. Vorn lag die Zukunft. Das andere war kalter Kaffee. Im wahrsten Sinne des Wortes. Ja, an diesem Tag brach zweifellos eine dichterische Ader in ihm durch. Kein Wunder, denn Großes stand bevor.

* * *

Auf dem Kai bahnten sich hupend kleine Transportwagen den Weg zum Hauptabfertigungsschalter. Sie entluden ihre Fracht aus Koffern, Kisten, Leinensäcken und geschnürten Bündeln. Ein Gepäckträger wuchtete einen Vogelkäfig auf die Laderampe und einen gewaltigen Schrankkoffer gleich hinterher. Ein uniformierter Angestellter, der die Verladearbeiten im Dienste seiner Herrschaften beobachtete, musterte besorgt einen Matrosen, der einen der Koffer auf eine kleine Lore schleuderte. Über die gläserne Brücke schifften Passagiere sich direkt in eines der oberen Decks ein. Eine feine Dame blieb, laut um Hilfe rufend, mit ihren Schuhen in den Gleisen hängen.
»Fertig«, rief der Gepäckträger und klopfte auf das Dach des kleinen Motorwagens. Knatternd rollte der Wagen über die Pflastersteine, und der nächste Fahrer rangierte sein Gefährt mit der Ladeklappe an die Rampe.
Auch am Schalter der dritten Klasse hatte sich eine Schlange gebildet. Ein Offizier der White Star Line drückte einen gelben Aufkleber auf die ihm entgegengereichten Gepäckstücke und gab den Wartenden einen zweiten Schein mit einer großen schwarzen Ziffer zurück.

Mit ängstlichem Gesichtsausdruck blickte eine junge Frau, die sich ganz in ihre grobe Strickjacke zurückgezogen hatte, zum Schiffskörper der Titanic auf. James konnte erkennen, dass sie ungläubig den Kopf schüttelte.
Obwohl mitten in der Woche, hatten Hunderte von Schaulustigen aus Southampton und Umgebung die Abfahrt dieses schnellsten und schönsten Passagierschiffes der Welt zum Anlass für einen Ausflug genommen. Ein Vater mit zwei Kindern zählte seinem auf den Schultern sitzenden Sohn die vier unter Dampf stehenden Schornsteine vor und deutete auf das Brückenhaus.
»Wohnt da der Kapitän?«, fragte er.
»Mit all seinen Offizieren.«
An seiner Hand zog ein Mädchen.
»Aber wenn die Nitanic aus Eisen ist, wieso kann sie dann schwimmen?«
»Titanic. Und es ist das größte Schiff der Welt.«
»Sie ist aber doch aus Eisen.«
So ganz unrecht hatte die Kleine nicht, fand James. Aber wie auch immer. Die Schiffsbauer hatten sicher gewusst, was sie da taten, als sie das Schiff aus Streben, Eisenplatten und Nieten zusammengefügt hatten. Sicher befanden sich unter den Gaffern auch einige der irischen Werftarbeiter, die diesen Dampfer bei Harland & Wolff in Belfast gebaut hatten. Hoffentlich hatten sie bei der Arbeit nicht zu viel getrunken.
Eine Frau in einem hellblauen Wollmantel winkte hinauf zu einem der Decks, auf dem ein Mann seinen Hut schwenkte. Am Pier kurbelten drei Männer an ihren Filmkameras, und vielleicht zwanzig Photographen richteten ihre Stative immer wieder neu aus.
Ein Kran hievte ein chromblitzendes Auto über eine Ladeluke des Frachtraumes. Langsam und unter den knappen Kom-

mandos eines Lademeisters verschwand das Auto im Bauch des Schiffes. Es folgte eine gewaltige Kiste, in der man einen ausgewachsenen Elefanten hätte unterbringen können. Aus dem Inneren drang eine Art Fauchen. Sollte das hier so etwas wie die Arche Noah werden?
Über einen Steg trugen Männer in Stoff gewickelte Kästen an Bord. Die Träger ächzten unter dem Gewicht, das sie an Bord zu wuchten hatten. Ein auf dem Pier stehender Schiffsoffizier dirigierte die Männer und benutzte dazu seine Mütze.
»Nach links, verdammt noch mal, passt auf, wohin ...«
Der vordere Träger stolperte über ein Tau und ließ den Kasten los. Die hinter ihm gehenden Männer versuchten sich dem auf sie zukommendem Gewicht entgegenzustemmen, sprangen aber schließlich zur Seite.
Ratternd rutschte der Kasten die Laderampe herunter. Das grobe Leinentuch riss auf und ... James gefror das Blut in den Adern. Ein Sarg! Er krachte gegen einen Poller und der Deckel rutschte zur Seite. Eisstücke rieselten aus dem Innern

und dann glitt seitlich ein blasser Arm heraus. Es sah aus, als winke der Tote ihn an Bord. Ein schlechtes Zeichen?
Auf alle Fälle ein schrecklicher Anblick. Kein Wunder, dass die Titanic diese Fracht nicht in ihrem Bauch haben wollte.
Der Offizier brüllte auf die Träger ein. Eilig stopften sie den Arm wieder in den Sarg und verschraubten den Deckel.
Warum wurden in aller Heimlichkeit Tote an Bord geschafft? James hatte gehört, dass Seeleute äußerst abergläubisch waren. Wie passte das zusammen? Die Reeder schickten diesen gewaltigen Kahn auf Jungfernfahrt übers Meer und verstauten im Schiffsbauch ein paar Särge? Das konnte nicht mit rechten Dingen zugehen. Andererseits: Was ging ihn das an? Schließlich war er kein Seemann. Hauptsache, er kam rasch nach Kanada, an den Klondike.
Ein samtschwarzes Auto rollte direkt an die Gangway, die den Passagieren der ersten Klasse vorbehalten war. Federnd sprang ein vielleicht fünfzigjähriger Mann aus dem Wagen. Ein weißer Seidenschal wehte im Wind, und der Mann lüftete seinen Zylinder. Er sog an einem Zigarillo und grüßte zur Titanic hinüber. Sein Zwicker fiel aus dem Auge, und der Mann nickte lächelnd. Ihm folgte ein jüngerer Mann, der eine Aktentasche schützend vor seinen Leib presste.
»Papperlapapp, Breastsucker, Sie werden mir auf den letzten Metern doch nicht neurotisch werden? Ich wünsche in dieser Angelegenheit keine weiteren Analysen. Verstehens?«, sagte der Mann mit dem Zwicker.
»Aber ich neige zu Seekrankheiten und ...«
»Das Einzige, was mir Sorgen macht ist die Tatsache ...«
»Sie machen sich sorgen, Professor?«
»Dieses Schiff ist weiblich, und einem Weib mein Schicksal anzuvertrauen ... na ja. Aber schließlich sind wir ja alle aus einem Mutterschoß geboren.«

James glaubte, das Gesicht des Mannes an einem der letzten Tage in der *Times* gesehen zu haben. Und dann fiel es ihm ein. Ja, es war dieser seltsame Professor aus Wien, dieser Seelenklempner, der die Gefühle und Sehnsüchte eines Mannes an der Länge seines... Nun ja, jedenfalls vertrat der Mann höchst eigenwillige Ideen, über die man hinter vorgehaltener Hand munkelte. Jede Menge Witze kursierten über seine skurrilen Theorien. Der Mann glaubte tatsächlich, dass Frauen neidisch auf das seien, worüber sie da unten nicht verfügten. Aber wie konnte man neidisch auf etwas sein, das einem nun einmal nach göttlicher Ordnung nicht zugedacht war? War ein Fisch neidisch, weil er nicht wie ein Affe von Ast zu Ast toben konnte? Und ein Affe neidisch, weil er mit den Stellenanzeigen in der *Times* nichts anzufangen wusste? Seltsame Ideen hatten diese Österreicher. Das musste mit dem dortigen Klima zusammenhängen.
Auf dem Pier spielten sich Dramen ab, die noch jedes verwöhnte Theaterpublikum in ihren Bann gezogen hätten. In Tränen aufgelöst warf sich ein blonder Jüngling in die Arme eines an den Schläfen ergrauten Herren. Trotz des beträchtlichen Altersunterschiedes sah es nicht so aus, als handele es sich um Vater und Sohn. Der Ältere befeuchtete mit der Zunge seinen Mittelfinger und strich sich damit über die Augenbraue. Sollte dies etwa einer jener Männer sein, die des Nächtens die Gesellschaft von Männern der von Frauen vorzogen? Andersherum, sozusagen? Die Überfahrt versprach ja heiter zu werden.
»Cäsar, die Todgeweihten grüßen dich«, sagte der elegante Herr, zum Schiff gewandt.
»Damit macht man keine Witze.«
Der Mann versuchte die in das Mantelrevers verkrallten Finger des jungen Mannes zu lösen.

»Oscar, jeden Tag wirst du mir schreiben, hörst du? Und du wirst mir jeden zweiten Tag eines deiner schönen Gedichte schicken.«

»Ich lehne es ab, einen Stift in die Hand zu nehmen.«

»Und du wirst auch nichts anderes Längliches in die Hand nehmen. Schon gar nicht, wenn es an einem Steward hängt. Versprichst du mir das?«

»Soll das eine Szene werden?«

Der blonde Mann schluchzte laut auf und vergrub sein Gesicht in den Mantel des hageren, gut aussehenden Sechzigjährigen. Der schüttelte ihn ab und hob einen Spazierstock mit Elfenbeingriff in die Höhe.

»Wohl denn. Titanica, Titanica, jetzt kannst du mich empfangen.«

Der junge Mann kreischte auf.

»Niemand wird dich empfangen, und du wirst auch nichts empfangen.«

* * *

Ruppig stieß ein finsterer Zeitgenosse den verzweifelten blonden Mann zur Seite. Er war klein, und seine Bewegungen wirkten ungelenk.

»Sentimentales bourgeoises Gewäsch«, sagte er und bahnte sich mit seinem Bündel den Weg über die Gangway. Seine abgewetzte Lederjacke glänzte an einigen Stellen. Die fettigen Haare fielen in Strähnen über sein Gesicht.

Hatten sich über Nacht die Tore sämtlicher Londoner Irrenanstalten geöffnet? James befürchtete das Schlimmste.

Die derben Stiefel des Mannes knallten über das Holz. Seine Hosen mussten bereits über mehrere Generationen weitervererbt worden sein. An ihnen klebte sicher noch der Staub, der bei den Hunnenkriegen aufgewirbelt worden war, und im

Gestrüpp seines Bartes entdeckte James ein paar Speisereste. Mit stechendem Blick reichte er dem Steward sein Ticket.
»Hier, du Lakai, beiß es ab.«
»Bitte, Sir?«
»Abbeißen, Schoßhündchen.«
»Sir!«
Der Mann bellte dem verdutzten Angestellten der White Star Linie direkt ins Gesicht – »Wau! Wau!« – und deutete auf den weißen Stern, der auf dem Schulterstück seines Gegenübers prangte. Entsetzt wich der Steward zurück, doch der grobschlächtige Mann hielt ihn an seiner Uniformjacke fest. Sein Gesicht verzog sich zu einem spöttischen Grinsen. Er wischte über den Stern, als wollte er ein darauf herumkrabbelndes Insekt entfernen, und hustete dem Steward ins Gesicht. Brüllend vor Lachen verschwand er in einer Luke der Titanic.
Eigentlich schleppten diese Passagiere ja nur mühsam ihr altes Leben an Bord, dachte James. Sollten sie. Ihm war philosophisch zumute. Für ihn begann etwas Neues. Tief sog er die Luft in die Lungen. Ja, er war im Begriff, neu geboren zu werden. Hier stand er nun, nur ein paar Schritte über die Gangway, und er war mittendrin.
Ein Automobil bremste neben dem Verladekran, und ein Diener sprang aus dem Wagen. Er stellte einen Hocker neben die Tür und half einer rothaarigen, vielleicht zwanzig Jahre alten jungen Dame hinaus. Ein auf sie zueilender Mann reichte ihr schwungvoll die Hand, doch sie ignorierte ihn und raffte lieber selbst ihre Röcke.
»Aber Kate, ich bitte dich.«
Sie sah sich nach ihrer Begleiterin um. Wahrscheinlich die Mutter.
Drüben in der Hafenkneipe johlten ein paar junge Männer. Nur Augenblicke später stürmte einer der Burschen aus der Spelunke.

»Gewonnen«, schrie er und riss ein Schiffsticket in die Höhe. »Gewonnen, Leute. Leonardo di Carrera fährt über den großen Teich.« Er stürmte auf die Titanic zu und verschwand in einer der Passagierluken.
»Sir, könnten Sie mir wohl sagen, wie ich zum Aufgang für die dritte Klasse komme?«
Der Mann mit seiner Schiebermütze strahlte James freundlich an. Doch was ging ihn schon die dritte Klasse an?
»Keine Ahnung«, sagte James.
Langsam wurde er unruhig. Diese Miss Sophie hatte sich hier mit ihm verabredet, um ihm »persönlich«, und sie hatte dies extra betont, sein Ticket zu überreichen. Warum sie allerdings nicht gemeinsam an Bord gehen sollten, nein, darauf konnte er sich keinen Reim machen. Womöglich ein Aberglaube? Nun ja, diese adligen Ladys waren bekanntermaßen ein wenig spleenig.
Andererseits war es ihm auch völlig gleichgültig. Schließlich wollte er mit ihr ja keinen Bund fürs Leben schließen, sondern in ihren Diensten lediglich ein wenig herumbutlern. Kein unterwürfiges Dienstverhältnis, sondern ein Agreement, das ihn nach Amerika brachte. Zum Klondike. Die großen Ziele waren es, die zählten.
James zog ein Fernglas aus der Tasche, das er von seinem letzten Geld bei Harrod's erstanden hatte. Weitsicht zahlte sich immer aus. Das hatte ihm seine Mutter mit auf den Weg gegeben. James spürte einen leichten Stich in der Brust. Genau da, wo er in einer Tasche seines Gehrocks ihr Foto bei sich trug. Mit dem Glas verfolgte er eine kreischende Möwe, die mit einem Fisch im Maul über der Titanic kreiste. Seitlich von der Brücke stand Kapitän Edward J. Smith und hielt seinen weißen Bart über die Reling. Stoisch und ein wenig gelangweilt, ganz wie Cäsar von seiner Loge im Circus zu Rom, blickte er

hinunter auf das Treiben. Auch sein Bild war in den letzten Tagen in den Londoner Blättern abgedruckt gewesen. Der bestbezahlte Kapitän, der auf den sieben Weltmeeren unterwegs war. Sollte er. Vielleicht würde James mit seinen Golddollars den Kahn später kaufen und den Mann einfach rauswerfen. Obwohl, das war dann doch ein bisschen spät, denn dieser Smith plante, mit der Jungfernfahrt der Titanic auch in seinen Ruhestand zu dampfen.

* * *

Eine Möwe kurvte über der Brücke. Sie drehte zwei Runden, und James sah, wie sie sich laut kreischend entleerte. Der weiße Placken fiel in einem anmutigen Bogen vom Himmel und klatschte schließlich auf die bronzene Schiffsglocke direkt neben Kapitän Smith. Sofort eilte ein Matrose herbei, der unter den Augen von Smith den Kot mit seinem Ärmel von der Glocke wischte.

James ließ das Fernglas sinken.

Das war schon seltsam in diesem Leben, dachte James. Ein so gigantisches Schiff mit kraftstrotzenden Dampfmaschinen und haushohen Schiffsschrauben, vollgestopft mit allem erdenklichen Luxus – und doch musste es sich von einer Möwe beschmutzen lassen.

Der Tritt in einen Hundehaufen sollte ja ein gutes Omen sein. Aber was bedeutete es, wenn eine Möwe ihre Verdauungsreste auf der Glocke eines Ozeandampfers hinterließ, die ja so etwas wie das Allerheiligste war? Gab es da am Ende doch etwas zu befürchten? Musste er sich Sorgen machen?

Wieder ließ die Titanic ihr heiseres Tuten hören. James presste die Pfanne unter den Arm und schritt entschlossen auf das Schiff zu.

»Nun, James, wollen Sie mir nicht ein wenig zur Hand gehen?«

Wie aus dem Nichts stand Miss Sophie neben ihm und drückte ihm einen Koffer in die Hand. Er hatte keine Ahnung, wie sie es fertig brachte, das Ding anzuheben, während er sogleich ein Knacken in seiner Schulter vernommen hatte, das nichts Gutes verhieß.

»Das wird Sie doch nicht überfordern?«, fragte sie.

»Eine Hand habe ich noch frei, Miss Sophie.«

»Fein, James.«

Sie reichte ihm ein Stück Papier.

»Es ist sicher nicht unrecht von mir, zu hoffen, dass wir uns nach dem Ablegen zügig in meiner Kabine sehen«, sagte sie. »James, die verstaute Kleidung harrt ihrer Befreiung aus der dunklen Enge der Koffer.«

»Sehr wohl, Miss Sophie.«

Sie nickte knapp und rauschte mit leicht erhobenen Armen zur Gangway der ersten Klasse davon. Sicher bereit, dem ersten alten Bekannten, der ihr begegnete, um den Hals zu fallen. Eine furchtbare Sippschaft.

James wuchtete den Koffer ein paar Meter weiter und setzte sich auf einen Poller. Genießerisch schloss er die Augen. Die Strahlen der Frühlingssonne wärmten sein Gesicht. Warum um alles in der Welt schaffte sie Bleiplatten an Bord der Titanic?

Er warf einen Blick auf den Zettel, den sie ihm in die Hand gedrückt hatte. »Ticket – dritte Klasse«, stand da deutlich zu lesen.

Und was um alles in der Welt sollte das jetzt wieder bedeuten? War er als Butler nur ein Stück Dreck, ein notwendiges Übel, das man auf das Zwischendeck zu all den nach Knoblauch und Fusel stinkenden Auswanderern steckte? Zu den abgerissenen Individuen, die es von Gott weiß woher zuerst an Britanniens

ANIC

Gestade gespült hatte und die es nun in die Neue Welt trieb? Aber nein, er wollte sich nicht aufregen. Das lohnte nicht. In ein paar Tagen würden sie in New York festmachen, und dann begann ein neues Leben.

James lehnte seinen Oberkörper gegen die Wand eines Schuppens. Noch einmal festen Boden unter den Füßen spüren. Er drückte die Sohlen fest auf das Kopfsteinpflaster und bewegte seine Zehen.

Es erschien ihm, als entfernten sich in dieser sanften Wärme langsam der Pier und all die hektischen Rufe. Als schaukle er hinaus auf das weite, weite Meer. James fühlte sich um Jahrzehnte zurückversetzt. Er lag wieder in einer Wiege, umsorgt und umhegt. Von ferne drang Tuten und Rufen an sein Ohr. Die Welt bewegte sich, und mitten in dieser Welt saß er. Ein Schrei zerrte an ihm und wurde lauter und lauter. Nur ungern verließ James dieses gütige Reich des Halbschlummers.

»Sie ist frei«, schrie ein Mann. »Zum Ruhme Englands, gute Fahrt!« James brauchte ein paar Sekunden, bis sich seine Augen an das Sonnenlicht gewöhnt hatten. Er blinzelte in die Richtung, aus der die Stimmen kamen. Ein Angestellter der White Star Linie hielt ein Tau in der Hand. Die letzte Verbindung der Titanic mit dem Festland. Um Gottes willen! Das Horn stieß ein mächtiges Tuten aus. Die Schiffsschrauben durchpflügten das Hafenwasser, Gischt spritzte auf den Kai. In der Menge wurden Hüte in die Luft geworfen. Ein Orchester spielte »God save the King«.

James rannte zum Poller, an dem der Passagierdampfer eben noch vertäut gewesen war. Entsetzt blickte er ihm hinterher. Die Heckflagge winkte ihm fröhlich zu. Das Tau klatschte ins Wasser und folgte schlängelnd dem Schiffsleib. Die Titanic dampfte der Zukunft entgegen. »Anhalten, sofort anhalten!«, schrie James verzweifelt.

Fürst Andrej Balgakov

Jessup Finch-Meyers blickte durch ein Fenster in das Innere der Kommandobrücke. Zwei Offiziere suchten mit ihren Ferngläsern den Horizont ab. Hinter ihnen schritt Kapitän Edward J. Smith mit auf dem Rücken verschränkten Armen die Fensterfront ab. Wippend blieb er stehen und klopfte auf das Glas einer runden Anzeige. Vor dem Kreiselkompass hielt er ebenfalls inne und zog ein weißes Taschentuch aus der Hose. Er beugte sich näher heran und begann, die bronzene Umrahmung des Kompasses zu wienern.

»Verdammte Sauerei«, sagte er. »Wo bleibt dieser Sohn einer ...«

Finch-Meyers klopfte gegen die Tür zur Brücke.

Der Kapitän fuhr herum.

»Sind wir hier in einem Puff oder auf einem Schiff?«

Jessup Finch-Meyers sah ihn erstaunt an.

»Entschuldigen Sie, Sir, aber ich dachte ...«

»Auf der Brücke klopft nur der Klabautermann oder der Kapitän. Na, immer rein in die gute Stube, Mr. Inch ... Inch ...?«

»Finch-Meyers.«

»Richtig. Apropos Puff, Sie werden mich in dieser Hinsicht doch nicht überraschen wollen, nicht wahr?«

»Bitte?«

Der Kapitän brüllte vor Lachen.

»Ein Scherz, schon gut, schon gut. Ah, da haben wir ja auch die reizende Miss Sterlingtree.«

Smith eilte an ihm vorbei und streckte einer jungen stämmigen Dame seine Hand entgegen, der die Röte ins Gesicht schoss. Finch-Meyers erschien sie ein wenig linkisch. Aber vielleicht lag das auch an ihrem weiten grünlichen Kleid und den weißen Socken, die einfach nicht zusammenpassten. Oder der Art, wie sie die Hand vorschnellen ließ und wieder zurückzog.

Kein Wunder, dass sie eingeschüchtert war. Dieser Kapitän benahm sich ungehobelt wie der Wirt einer Hafenkaschemme. Aber er war ja gewarnt worden. Andererseits hatte er sich nun einmal für diese Arbeit entschieden. Gott selbst hatte ihn auf diesen Platz gestellt. Außerdem war es viel zu spät für einen Rückzieher. Der Vertrag war unterschrieben, und außerdem waren sie auf hoher See. So hieß das wohl unter Seeleuten.

Kapitän Smith klopfte sich unsichtbare Staubfussel von der schneeweißen Uniformjacke. Sein von Wind und Wetter gegerbtes Gesicht wirkte ledern. Trotzdem strahlten seine blauen Augen etwas Jugendliches aus. Dieser Kapitän war trotz seines gesetzten Alters ein Schönling, soviel stand für Finch-Meyers fest.

Und auch, dass unzählige Frauen auf so einen Mann in schmucker Uniform flogen. Was die an Uniformen fanden, war ihm unbegreiflich. Frauen, sie waren für ihn ohnehin immer eine leere Seite in Gottes Schöpfungsbuch geblieben. Eine andere Welt. Nie hatte er sich um sie gekümmert, und trotzdem waren eine Frau und die Verkettung unseliger Umstände dafür verantwortlich, dass er sich hier an Bord dieses Schiffes befand.

»Also, Miss ... Miss ...«

»Patsymoon Sterlingtree«, sagte Patsymoon Sterlingtree.

»Donnerwetter«, sagt der Kapitän. »Patsymoon.«

»Patsy«, sagte die vielleicht 30-jährige und schob das Kinn nach vorn.
»Sie sind eine Mannschaft, ein Team«, sagte Kapitän Smith.
»Aber …«
»Ich weiß, das steht nicht in Ihrem Vertrag, Mr. Finch-Meyers, aber die Reederei hat nun einmal entschieden, dass auf dieser doch etwas delikaten Jungfernreise der Titanic für alle Eventualitäten Vorsorge zu treffen ist. Sie arbeiten also zusammen … Ich weiß, dass Sie als ehemaliger …«. Der Kapitän räusperte sich. »Nun ja, das tut hier nichts zur Sache.«
Kapitän Smith drehte an einem Schalter und setzte damit eine Art Scheibenwischer in Gang.
»Sehen Sie?«, sagte er. »Genau darum geht es.«
Finch-Meyers zupfte an seinem Ohrläppchen. Er hatte mit diesem verdammten Kapitän doch Stillschweigen über seine Vergangenheit vereinbart! Niemand an Bord sollte etwas davon erfahren.
Die junge Frau in ihrem grünen Kleid musterte ihn mit verwunderten Augen. Sie lächelte und blickte zu Boden.
»Also, Sie werden hier an Bord für klare Sicht sorgen, Mr. Finch-Meyers.«
»Verstehe, Sir, wir …«
»Sie werden mit Hilfe von Miss Patsy … äh, also von Miss Sterlingtree ein Auge auf unsere Passagiere haben. Hier an Bord befinden sich einige der reichsten Männer der Welt. Und sie sind in Begleitung einiger der begehrtesten Frauen der Welt.«
Er schickte einen genießerischen Blick gen Himmel.
»Und diese Frauen pflegen mit ein paar Schmuckstücken zu reisen, die durchaus auch bei anderen Zeitgenossen Gelüste wecken. Ganz abgesehen von diversen Kunstwerken, die mit

uns die Überfahrt nach Amerika antreten, und nicht zu vergessen ...«
Er blickte in die Runde.
»Das Gefühl von Sicherheit.«
Der Kapitän schlug mit der flachen Hand auf den Kreiselkompass.
»Sicherheit.«
»Verstehe, Sir.«
»Miss Sterlingtree?«
»O ja, Sir, bei meiner letzten Anstellung in ...«
»Sehr schön, Miss Sterlingtree. Nun, Mr. Finch-Meyers, die Wahl der Reederei ist auf Sie gefallen, weil Sie aufgrund Ihrer Biographie ...«
Himmelherrgott, er nannte das »Biographie«. Dieser Kapitän war gemeingefährlich.
»... sehen wir jedenfalls das Schiff in guten Händen. Schließlich verfügen Sie sicher immer noch über einen guten Draht nach ganz oben, und das wird hilfreich sein. Niemand soll hier das Gefühl haben, wir bräuchten einen Buffalo Bill.«
Diese Miss Sterlingtree musterte ihn mit äußerst irritierenden Blicken. Geradeso wie jemand, der seit Wochen nichts gegessen hatte und nun ein Sahnetörtchen entdeckt.
Daran war dieser Kapitän mit seiner verdammten »Biographie« schuld. Auf ihrem Gesicht breiteten sich rasch größer werdende rötliche Inseln aus.
«Wo kommen diese verdammten Flecken her«, brüllte der Kapitän und hauchte gegen das Glas auf dem Kompass.
Der Steuermann klammerte sich am Ruder fest und hielt seine Augen stur auf den Horizont gerichtet. Mit mühsam zusammengepressten Lippen unterdrückte er ein Kichern.
»Verdammt noch mal«, sagte der Kapitän.
Der Matrose richtete sich hastig auf und nahm Haltung an.

Finch-Meyers konnte deutlich Tränen in seinen Augen entdecken. Eine Minute länger, und der Mann würde platzen.
»Haben Sie Ihre verdammten Griffel nicht gewaschen?«
»Jawohl, Sir.«
»Was jawohl? Jawohl ja oder jawohl nein?«
»Gewaschen, Sir.«
»Verdammte Sauerei, irgendwo muss der Dreck doch herkommen?«
Er säuberte die Hände an seinem Taschentuch und wandte sich wieder an Finch-Meyers.
»Also, wenn wir so weitermachen, laufen wir in New York ein, bevor Sie Ihren Auftrag begriffen haben.«
»Ja, Sir ... äh, nein, Sir.«
»Also neben schwer reichen Männern, wie John Jacob Astor, Benjamin Guggenheim, Isodor Straus oder den Wideners, gibt es eine ganze Reihe weiterer bedeutender Persönlichkeiten. Neben den Millionären sind es Präsidentenberater, Theaterdirektoren vom Broadway, hohe Militärs und sogar ein Krimiautor. Kennen Sie Professor S. F. X. Van Dusen, genannt die Denkmaschine?«

»Der ist an Bord?«, hauchte Finch-Meyers.
»Natürlich nicht! Ist ja nur eine Romanfigur, aber sein geistiger Vater, Jacques Futrelle, gibt uns die Ehre.«
Der Kapitän musterte ein Messingschild. Er wischte mit den Fingerkuppen darüber und prüfte sie auf Staub.
»Nun, neben all diesen bedeutenden Passagieren haben wir auch einige zwielichtige Gestalten an Bord.«
»Wirklich, Sir?«, sagte Miss Sterlingtree.
»Nehmen wir diesen russischen Landadeligen mit seinen seltsamen Ideen, der sich für seinen Auftritt hier an Bord irgendwelche Bauernlumpen geliehen haben muss. Hat sich in einer Luxussuite eingenistet. Am liebsten würde ich ihn entlausen lassen, aber wie sollen wir das in der ersten Klasse machen?«
»Nun, man könnte ihn ...«
Der Kapitän schüttelte den Kopf.
»Der Mann hat bezahlt. Bar.«
Der Kapitän trat einen Schritt auf Finch-Meyers zu und blickte ihm fest in die Augen. Aufmunternd klopfte er ihm auf beide Schultern.
»Die Verantwortung ist groß«, sagt er. »Deshalb werde ich Sie nach Kräften unterstützten. Wir haben diesen Balgakov und auch die anderen, nun sagen wir, seltsamen Passagiere etwas von der Gesellschaft abgesondert. Wir haben Vorkehrungen getroffen, damit Sie diese Leute besser im Blick behalten können.
»Wunderbar, Sir.«
Der Kapitän musterte wieder den Steuermann.
»Nun, niemand im Weg?«
»Nein, Sir.«
»Sie werden mir doch nicht aus Versehen einen Wal über den Haufen fahren?«
»Nein, Sir.«
»Na, dann weiter so. Und waschen Sie sich die Hände.«

»Aye, Sir.«
»Die Titanic ist eine Frau, sie mag keine ungewaschenen Pratzen.«
Immer musste er auf Frauen anspielen. Smith grinste Finch-Meyers anzüglich an und griff zu einem Sprechrohr. Er zog an einem Hebel, und lautes Schrillen erklang.
»Maschinenraum? Hier Kapitän Smith. Verdammt noch mal, machen Sie dem Mädchen mal Beine. Dampf aufmachen und ordentlich Kohlen unter die Kessel. Aber nicht übertreiben, wir haben es mit einer Lady zu tun.«
Er zwinkerte Finch-Meyers zu.
»So, an die Arbeit«, rief er und wandte sich an seinen Ersten Offizier.
»Lausig kalt, da draußen, Lightoller.«

* * *

Diese verdammte Kabine verfügte noch nicht einmal über ein Bullauge, aus dem er seinen Smoking zum Trocknen hängen könnte. Wie auch? Schließlich hockte er hier einige Meter unter der Wasserlinie. Mit den Fischen auf Du und Du. Dass so etwas überhaupt erlaubt war! James blickte auf die Pfütze hinunter, die sich auf dem Kabinenboden rasch vergrößerte. Ein schöner Anfang seines neuen Lebens!
Um Haaresbreite, und die Zukunft hätte ohne ihn stattfinden müssen. Aber, er wäre nicht James McMullen, wenn er seine Chance nicht in letzter Minute ergriffen hätte. Schließlich war er ein Mann der Tat. Sollten die Leute ruhig lachen.
Als er vor sich im Hafenwasser das der Titanic folgende Tau gesehen hatte, war er hinterhergesprungen, hatte sich festgeklammert. Die Titanic zog ihn nach Amerika. Was für ein

erhebendes Gefühl. Mit jeder Faser seines Körpers spürte er die ungeheure Kraft der Dampfmaschinen. Da hätte man ihn schon erschießen müssen, um ihn loszuwerden.
Kräftige Matrosenarme zogen mit dem Tau auch James an Bord. Nun gut, an der Außenwand hatte er sich ein paar blaue Flecken geholt. Und dann die johlenden Leute am Kai, die sogar hämisch geklatscht hatten. Aber, er hatte es geschafft. Ein wenig nass, doch er war an Bord. Wie gut, dass sein Koffer bereits auf das Schiff gebracht worden war. Nur, wie sollte er jetzt in seinem tropfenden Frack servieren?
Zur Freiheit gings halt zuweilen über morastige Pfade. Da waren Disziplin und Durchhaltevermögen gefragt. Die Freiheit liebte die Unerschrockenen, *das* waren ihre Kinder.
Es klopfte an der Tür.
»Nun, James, nach dieser unwürdigen Vorstellung sollten wir uns auf unsere Pflichten konzentrieren, nicht wahr?«
Es war die Stimme von Miss Sophie.
»Oder ...«
»Ja, Miss Sophie?«
»War das vielleicht eine Belustigung, die Sie sich von kontinentalen Witzbolden abgeschaut haben?«
»Nein, Miss Sophie, ich ...«
»James, ich fürchte, Sie haben da etwas nicht recht verstanden. Wir sind auf der Titanic und nicht auf einem Jahrmarkt im östlichen Europa.«
»Es tut mir leid, aber ...«
»Vielleicht sollten Sie beim nächsten Mal vorher ein paar Eintrittskarten an die Hafenarbeiter verkaufen. Wie auch immer, ich verspüre ein leicht mattes Gefühl im Magen. Es ist Zeit fürs Dinner.«
»In ein paar Minuten stehe ich zu Diensten, Miss Sophie.«
»Fein, James. Sie finden mich in meiner Suite. Und, James ...«

»Ja?«
»Auch wenn es schwerfällt, es wäre schön, wenn Sie später beim Dinner eine einigermaßen passable Figur abgeben würden. Wir sind hier schließlich nicht als Showprogramm gebucht.«
James wrang die Ärmel seines nassen Fracks aus. Ja, er hatte das unterschätzt. Bei dieser Reise galt es tatsächlich, ein Heer von Schwierigkeiten und widrigen Gefühlen zu durchmessen. Und dann diese seltsame Miss Sophie, mit deren Schicksal nun auch das seine verbunden war. Die Titanic hatte sie gewissermaßen auf Gedeih und Verderb zusammengeführt. Zumindest für die sieben Tage der Überfahrt. Auch hier half nur harte und hingebungsvolle Arbeit.
An anderen Ende dieses Meeres wartete seine Belohnung. Amerika. Der Klondike. Das Gold. Die Freiheit.
Rhythmisch erschütterte das Stampfen der riesigen Schiffsmaschinen den Boden. Sie brachten den kleinen Tisch zum Vibrieren. Leise sirrte die Zahnbürste, die in einem Glas vor dem Spiegel stand. Aus nacktem grünem Geiz hatte diese Miss Sophie ihn in einer der billigsten Kabinen, direkt über der Schiffsmaschine, untergebracht. Typisch. Selbst die große Dame geben, und die Bediensteten vegetierten im Dunkeln vor sich hin.
Deutlich hörte er neben dem Stampfen auch das Schraubengeräusch der Titanic heraus. Da hatten es ja selbst diese drei Toten in ihren Särgen bequemer. Für James war es immer noch ein Rätsel, was es mit diesen Leichen auf sich hatte.
Wie auch immer, er konnte hier im Bauch des Schiffes und bei all dem Lärm versauern. Und die feine Miss Sophie saß oben. Mit nettem Blick aufs Meer, Sonnenuntergang und aus dem Wasser schnellenden Delphinen.
Warum hatte sie nicht eine Suite mit einem Dienstbotenzim-

mer gebucht? Warum musste er hier untätig zusehen, wie sein ruinierter Frack allmählich diesen Verschlag unter Wasser setzte?

James blickt sich um. Wenn er die Arme ausbreitete, konnte er die Kabinenwände berühren. Das Eisengestell des Bettes war neu, wie alles auf diesem Dampfer. Selbst die Matratze wies eine überraschende Festigkeit auf.

Genau genommen hätte es ihn weitaus schlimmer treffen können. Normalerweise waren die Kabinen in dieser Klasse mit mindestens vier Personen belegt. Das fehlte noch. Ein paar nach Knoblauch stinkende Albaner, Kroaten oder Italiener! Womöglich gar betrunkene Iren, die auf der Titanic ihrer Ankunft in Amerika entgegendämmerten und zwischendurch wehmütige Lieder über den Shannon schmetterten.

James wippte auf dem Bett, um noch einmal die Festigkeit der Matratze zu prüfen. Behutsam nahm er seine Pfanne vom Tisch. Ja, dieses Unterpfand seiner goldenen Zukunft hatte er auch bei seinem Sprung ins Hafenwasser nicht losgelassen. In letzter Sekunde hatte er sie in seinen Hosenbund stopfen können. Der war nun an einigen Stellen aufgerissen, aber auch das würde sich finden.

James McMullen, du musst deinem Stern folgen, sagte er mit kräftiger Stimme. Auch wenn es wie in diesem Fall der weiße Stern der White Star Line war, der die Titanic gehörte.

* * *

Er würde diesen Luxus-Eimer schon heil nach New York schaukeln. Da sollten sich diese Herren Reeder und Aktionäre mal nicht ins Hemd machen. Und eine saftige Prämie sprang dabei sicher auch heraus. Der Kurs war gesetzt, und

die Heizer hatten kräftige Arme. Keiner sollte sagen, dass er sein Geld nicht wert war.
Kapitän Smith legte seinen Sextanten zurück in die mit Samt ausgeschlagene Holzkiste. Über den Beinahezusammenstoß im Hafenbecken würde in spätestens zwei Wochen der Mantel des Vergessens gebreitet. Warum musste sich dieser Schlepperkapitän auch in seine Bugwelle legen?
Es klopfte an der Tür.
»Bruce Ismay hier.«
»Sofort, Sir.«
Jetzt ließ ihn der Generaldirektor der White Star Line noch nicht einmal in seiner Kabine in Ruhe. Wozu all diese Nervosität und Hektik? Es lief doch alles wie am Schnürchen. Na gut, sie hatten einen Brand in einem der Kohlenbunker, aber so etwas kam vor. Kein Grund zur Sorge.
Ismay mochte so um die fünfzig sein. Sein Haar war voll und das Kinn energisch. Er zwirbelte die Spitzen seines Bartes, den er nach dem Vorbild des deutschen Kaisers trug.
»Alles in Ordnung, Smith?«
»Selbstverständlich, Sir. Die See ist glatt wie eine Tasse Tee, drei Kessel sind unter Feuer, und wir machen 21 Knoten.«
»Das lässt sich steigern.«
»Wie meinen Sie das?«
»26 Knoten sind doch sicherlich möglich«, sagte Ismay.
Kapitän Smith schüttelte abwehrend den Kopf.
»Wir wollen diese junge Lady erst langsam an all das Wasser gewöhnen, nicht wahr? Soll ja keinen Schreck bekommen, der Kahn.«
»Das blaue Band für die schnellste Atlantiküberquerung steht auf dem Spiel, Smith, da kann man noch ein paar Kohlen ins Feuer werfen?«

»Nicht, solange ich Kapitän bin, wir haben Eiswarnungen.«
»Gibt es keine Möglichkeit?«
»Im Moment leider ausgeschlossen«, sagte Smith.
»Und was ist mit unseren Passagieren?«
»Alles bestens, soweit ich weiß, Sir«, sagte der Kapitän.
»Und unsere … äh, nun unsere schwierigen Gäste?«, fragte Bruce Ismay.
»Ich habe besondere Arrangements getroffen und kümmere mich persönlich darum, dass niemand unseren Millionären in die Suppe spuckt.«
»Die Titanic, das ist die Welt im Kleinen, lieber Smith. Das ist Liebe, Hass, Neid und Leidenschaft.«
»O ja, große Gefühle, Sir.«
»Sicher, Käpt'n. Wo wir gerade dabei sind, was ist mit diesem Professor aus Wien?«
»Der kämpft mit dieser neumodischen Krankheit, die er gerade erst erfunden hat. ›Neurose‹ heißt das wohl. Er zieht es vor, in seiner Kabine zu speisen und ab und an über die Privatpromenade zu spazieren. Sein Assistent allerdings, dieser Dr. Breastsucker …«
»Verschonen Sie mich mit Einzelheiten, und denken Sie daran, New York erwartet uns sehnsuchtsvoll. Und je eher …«
»Ich gebe mein Bestes, Sir. Und …«
»Ja, Smith?«
»Es empfiehlt sich, ein paar Ferngläser für die Leute im Ausguck anzuschaffen.«
»Ich werde daran denken. In New York.«

* * *

»James, wo ist das Fischbein, wo sind meine Korsetts?«
»Ich bin untröstlich, Miss Sophie.«

»James, ich bestehe darauf, dass Sie mir auf der Stelle mein persönliches Hab und Gut herbeischaffen.«
»Ich fürchte, der Koffer liegt auf dem Grunde des Hafenbeckens von Southampton, Miss Sophie.«
»James, ich werde Ihnen den Verlust in Rechnung stellen. Auf Pfund und Penny.«
Miss Sophie zog ein malvenfarbenes Notizbuch aus der Schublade ihres Schreibtisches und notierte ein paar Zahlen. Sollte die alte Kuh in Rechnung stellen, was sie wollte. Das würde er leicht mit ein paar Nuggets begleichen. Er hatte ganz andere Sorgen. Hoffentlich holte er sich keine Lungenentzündung. Die würden ihn mit Fieber in New York womöglich gar nicht an Land lassen. Und auch die Weiterreise nach Kanada wäre gefährdet. Er musste raus aus diesem klatschnassen Frack. Allein das schmatzende Geräusch, das aus seinen Schuhen drang! Direkt furchterregend.
James verließ die Kabine und stieg hinab zu den Kohlenbunkern. Da unten wurde Dampf erzeugt, und wo es Dampf gab, da war schließlich auch Wärme. Da sollte mal keiner sagen, dass er sich nicht zu helfen wusste.
James patschte über die Privatpromenade für die Salonsuiten. Eine Zofe sah ihn strafend an und verschwand kopfschüttelnd in einer der Luxuskabinen. Wahrscheinlich vermutete sie, dass er einem dringenden Bedürfnis nicht hatte standhalten können. Nicht nur das schmatzende Geräusch war unangenehm, sicher hinterließ er auch Spuren auf dem Teakholz. Er blickte sich um. Niemand zu sehen. Diese reichen Schnösel waren damit beschäftigt, ihren Domestiken Anweisungen zu geben, wie sie die gewaltigen Schrankkoffer auszuräumen hatten.
Die Promenade war durch ein Dach geschützt, und die Wände waren vertäfelt. Noch unberührt standen die Korbstühle

in Reih und Glied, warteten auf die ersten Gäste. Hinter den großen viereckigen Fenstern, die eher an die Fassaden von Wochenendhäusern als an Suiten auf einem Ozeandampfer erinnerten, gingen Hausmädchen und Butler ihren Herrschaften zur Hand.

»Und gehen Sie wohl mit Prinz Albert ein wenig Gassi, ja?«

»Sehr wohl, Gnädigste. Aber wo ...«

»Nun, ich glaube, dafür ist die Promenade der dritten Klasse vorgesehen«, sagte eine rauchige Frauenstimme.

Das war typisch. Die Hunde dieser reichen Nichtsnutze durften sich in der dritten Klasse ausscheißen! Da rackerte man sich den ganzen Tag für diese Herrschaften ab und dann rutschte man bei der nächsten unachtsamen Bewegung auch noch auf einem dampfenden Cockerspanielhaufen aus!

James streifte seine Schuhe ab. Fehlte noch, dass die patschenden Geräusche die Neugier dieser Leute weckten und er erklären musste, warum er wie ein begossener Pudel über das Schiffsdeck schlich.

Am Ende der Promenade pendelte eines der Rettungsboote in der dafür vorgesehenen Halterung. James glaubte, ein leichtes Schaukeln bemerkt zu haben, aber wie sollte das möglich sein? Der Atlantik war außergewöhnlich ruhig und der Fahrtwind hier, in diesem Teil des Schiffes, nicht zu spüren. Die Plane des Bootes wölbte sich und aus dem Innern drang ein dumpfes Fluchen. James drückte sich hinter einen Palmenkübel. Blinde Passagiere?

Plötzlich schnellte ein Kopf aus dem Boot. Der Mann blickte sich argwöhnisch um. James erkannte ihn sofort. Es war dieser grobe Kerl mit den langen fettigen Haaren und den stechenden Augen. Der Mann, der auf der Gangway den Steward so beschimpft hatte. Er drehte seine spitze Nase in alle Himmelsrichtungen und tauchte wieder in das Beiboot.

James schlich auf seinen nassen Socken vorsichtig weiter, blieb dann aber wie angewurzelt stehen. Ein Fenster gab den Blick in das Innere einer Suite frei. Eine Dame mittleren Alters stand da in ihrem Korsett und weiten Hosen vor dem Spiegel. James trat der Schweiß auf die Stirn. Hier konnte er nicht bleiben. Wenn man ihn in dieser peinlichen Situation entdeckte und falsche Schlüsse daraus zog!

Aus dem Beiboot drang immer noch das Fluchen dieses Mannes. Was trieb der da? Richtete er sich häuslich in dieser weißen Nuss-Schale ein? Er hatte doch eine dieser Luxuskabinen gebucht. Oder veranstaltete er ein Picknick, womöglich für ein paar Kumpane aus den von ihm so heiß geliebten unterdrückten Klassen? Dem Mann war sicher einiges zuzutrauen.

James war nur zwei Meter von dem Rettungsboot entfernt,

da wurde die Plane hochgerissen. Vor ihm stand in leicht gebückter Haltung dieses russische Vogelgesicht, in der rechten Hand einen Revolver, den er auf James' Kopf richtete.
»Die Feinde der Revolution werden niedergemäht, wo immer sie ihr bourgeoises Haupt erheben.«
James hörte ein Knacken. Dieser Wahnsinnige hatte tatsächlich den Hahn der Pistole gespannt.
Jessup Finch-Meyers legte die Beine auf den Tisch. Sah man von der Enge einmal ab, war es ganz passabel. Sicher, mit der ersten Klasse und der dort üblichen Ausstattung mit den Stofftapeten, den flauschigen Teppichen und den Kandelabern an den Wänden konnte diese Kabine nicht mithalten. Aber verglichen mit seiner kargen Zelle in Kalkutta war es luxuriös.
Und nun hatte es ihn auf diesen Passagierdampfer verschlagen. Und auch noch auf den luxuriösesten der Welt, einen

Dampfer der Eitelkeiten. Das Schiff hätte statt RMS Titanic lieber RMS Sodom und Gomorrha heißen sollen.
Es half nichts. Er musste jetzt aufpassen. Vor allem auf zwei Dinge: Schulden und Frauengeschichten.
Zaghaft wurde an die Tür geklopft.
»Nur herein«, rief er und zog einen Stapel Papiere zu sich heran. Noch bevor sie die Kabinentür hinter sich geschlossen hatte, nahm er den Geruch von Kirschblüten wahr.
»Ah, Miss Sterlingtree.«
»Ja, Sir, also ich, also ... Ich ... Also ...«
»Ruhig, Miss Sterlingtree, ganz ruhig, ein Wort nach dem anderen.«
»O ja, Mr. Finch-Meyers.«
»Nun, Miss Sterlingtree, wie der Kapitän sagte, Sie sind eine Frau, und ich bin ein Mann, und ...«
»Mr. Finch-Meyers!«
»Zur Sache. Wir werden uns das zunutze machen und die Passagiere entsprechend den Wünschen des Kapitäns unter scharfe Beobachtung stellen.«
»Und wenn sie etwas Böses tun, etwas im Schilde führen, dann ...«
»Genau, Miss Sterlingtree. Dann sind wir rechtzeitig zur Stelle.« Jessup Finch-Meyers zog ein Blatt Papier aus dem vor ihm liegenden Stapel.
»Ich habe hier eine Liste der verdächtigen Personen.«
»Verdächtige Personen.« Ihre Stimme klang verschwörerisch.
»Also, die behalten wir im Auge. Unauffällig. Auf keinen Fall darf unsere Arbeit die Vergnügungen der wohlhabenderen Herrschaften an Bord beeinträchtigen.«
»Verstehe, Sir.«
»Wir verhalten uns wie Gespenster. Unsichtbar, und doch präsent.«

Miss Sterlingtree riss die Augen auf.
»Nur keine Angst. Das ist nicht wörtlich gemeint. Vielleicht sollten Sie sich ein wenig ausruhen.«
An der Kabinentür zögerte sie einen Augenblick. Nervös spielte sie mit dem Türknauf.
»Ja?«
»Also, vielleicht könnten Sie... also mein Name ist Patsy, von Patsymoon.«
Sie huschte eilig aus der Kabine. Finch-Meyers blickte ihr kopfschüttelnd nach. Das hatte ihm gerade noch gefehlt.

* * *

James riss die Hände in die Höhe.
»Ich bin nur ein Butler, Sir.«
James stierte auf die Pistolenmündung.
»Ein Lakai der Bourgeoisie also. Da ist mir ja ein dicker Fisch ins Netz gegangen.«
Der Mann mit dem russischen Akzent winkte ihn mit seiner Pistole zu sich heran. James näherte sich mit kleinen Schritten.
»Wirf einen Blick hinein, Butler.«
»James McMullen, Sir.«
»Lakai bleibt Lakai.«
Der Russe verschwand im Rettungsboot und tauchte mit einem Bündel wieder auf. Kabel baumelten herunter und James brauchte ein paar Sekunden, bis er begriff.
»Um Himmels willen, Sir, eine Höllenmaschine.«
»Das will ich meinen. James, das sind die Schnüre zur Ewigkeit. Wenn ich ein blaues Kabel und ein weißes Kabel zusammenbringe, dann...«
»Dann?«

»Bums.«
»Bums?«
»Aus mit der schönen Titanic. Und diese ganze Ausbeuterbrut macht sich endlich nützlich. Als Fischfutter.«
»Und die Passagiere der dritten Klasse, die…«
»Die Revolution wird ihnen ein ehrendes Andenken bewahren.«
James schluckte.
»Aber ich habe nicht vor, dieses schöne Schiff jetzt in die Luft zu jagen. Diese Bombe ist so eine Art Versicherung. Ich rate dir, das Maul zu halten. Schon im Dienste deiner Klasse.«
»O ja… ich meine, geht klar, Sir. Ich werde schweigen wie ein Grab.«
»Wenn nicht, darfst du alles haarklein den Fischen erzählen.«
Der Russe lachte.
James hob die rechte Hand und ballte sie zur Faust. Das war so eine Art Gruß unter diesen Verrückten. Ein Erkennungszeichen. So hatte er es jedenfalls auf einem Zeitungsfoto gesehen.
Auch der Russe ballte die Fäuste.
»James McMullen, ich werde dich im Auge behalten.«
»O, ja, Sir. Ich bitte darum.«
Höchste Zeit, dass er hier verschwand und nach Miss Sophie sah. Wer wusste schon, wozu die imstande war, wenn ihr Magenknurren lauter wurde. Noch mehr Schwierigkeiten konnte er an diesem ersten Tag wirklich nicht gebrauchen. Da musste sein klammer Frack eben warten.
Balgakov entließ ihn mit einer wegwerfenden Handbewegung.
James eilte über das hintere Welldeck zu den vorn gelegenen Kabinen der ersten Klasse. Miss Sophie erwartete, dass er sie heute persönlich in den Speisesaal begleitete. Er hoffte nur, dass die Köche seinen Servierwagen korrekt bestückt hatten.

Bug – Aufgang zum Speisesaal der zweiten Klasse – Rauchsalon der ersten Klasse – Aussichtsdeck dritte Klasse – Gesellschaftsraum erste Klasse. Wer kannte sich im Schilder-Durcheinander dieses Riesenschiffes schon aus? Das Gewirr der Gänge, Treppenhäuser und Fahrstühle machte ihn ganz schwindlig. Am besten, er ging auf Deck und suchte von dort den Weg zu den Kabinen der ersten Klasse. Am dritten Schornstein rechts herum und dann die Treppe hinunter. In den Gängen hier unten wusste man ja nicht einmal mehr, wo vorn oder hinten war.

* * *

James öffnete die Tür zum Verandacafé mit dem Palmengarten. An den Tischen schlürften Passagiere Rinderbouillon oder Kaffee. Einige waren auffällig blass. James hatte das Café zur Hälfte durchquert, als er die beiden plötzlich bemerkte. Am Tisch direkt neben dem überladenen Buffet saßen tatsächlich Miss Sophie und dieser Kapitän Smith bei einer Tasse Tee. Wieso kümmerte sich der Kapitän in dieser Weise um Miss Sophie? Steckte hinter all ihrem Getue womöglich doch ein wirklich bedeutendes Mitglied der Gesellschaft? James drückte sich hinter eine Palme und schob das Ohr durch das Grün.

»Wir werden also diese Herrschaften mit Ihrem Einverständnis um diesen Tisch versammeln, damit die anderen Passagiere …«

»Das habe ich ja nun verstanden«, sagte Miss Sophie. »Es scheinen hier auf der Titanic Sitten um sich zu greifen, wie sie wohl nur auf Borneo üblich sind. Was gehen mich diese …?«

»Miss Sophie, darf ich Sie an den Ihnen gewährten Preisnachlass für die Erste-Klasse-Kabine erinnern und an die Zusage Ihrer Kooperation?«

Miss Sophie legte ihre Hand auf seinen Arm und lächelte ihm kokett zu.
»Unter dieser Zusammenarbeit habe ich mir eigentlich etwas ganz anderes erhofft.«
Kapitän Smith räusperte sich und zog den Arm zurück.
»Selbstverständlich werde ich Ihnen diesen Gefallen tun, auch wenn ich mir unter dem unerschrockenen Charakter eines so erfahrenen Seemannes etwas anderes vorgestellt habe«, sagte Miss Sophie.
»Das ist eine Idee der Verantwortlichen bei der White Star Line, ich zähle da auf Ihr Verständnis.«
»James wird sich darum kümmern, dass die guten Manieren nicht vollkommen über Bord gehen.«
James stockte der Atem. Da hatte er auf eine ruhige Überfahrt gehofft, und nun konnte er Kindermädchen für ein paar durchgedrehte Zeitgenossen spielen. Und alles ohne Bezahlung!

»Er wird servieren?«
»Sicher, er wird vorlegen. Allerdings wäre ich bei all der Aufregung über eine zusätzliche kleine Entspannung überaus dankbar.«
Kapitän Smith zog die Brauen hoch, zupfte an seinem Kragen und beugte sich zu ihr hinüber.
»Teuerster Kapitän Smith, es geht um den Zugang zum türkischen Bad und den Genuss einer strammen Massage. Ich höre, Ihr Masseur soll über gottbegnadete Fingerkuppen verfügen.«
»Das wird sich einrichten lassen«, brummte Smith.
James konnte es nicht glauben. Da wurden seine Dienste gegen den Besuch eines türkischen Bades und die unsittliche Kneterei eines Masseurs verschachert. Die Arbeit eines Butlers als Lohn der Balz. Nicht zu fassen.
Trotzdem, er würde gute Miene zum bösen Spiel machen. Amerika war das Ziel, und das durfte er auf keinen Fall aus den Augen verlieren. Außerdem war ja noch nicht einmal sicher, ob dieser verrückte Russe das Schiff nicht mitten auf dem Atlantik in die Luft jagte.

* * *

Überall dieser Geruch von Farbe. Kein Wunder, schließlich war es die Jungfernfahrt der Titanic. Das Schiff hatte ja erst vor wenigen Wochen die Belfaster Werft verlassen. Selbst jetzt legten die Matrosen an Bord letzte Hand an alles, was nicht rechtzeitig vollendet werden konnte.
Patsymoon Sterlingtree konnte ihr Glück immer noch nicht fassen. Sie versicherte sich, dass sich niemand in der Nähe befand, und stieß einen Schrei aus. Geschafft! Sie fuhr auf dem modernsten, größten, schönsten und saubersten Schiff der Welt. Auf einem schwimmenden Palast. Und sie war

tatsächlich eine leibhaftige Detektivin! Wenn das ihre Schulfreundinnen aus der Klosterschule wüssten. Dabei hatte sie sich als Gesellschaftsdame beworben. Ob sie logisch denken könne, hatte man sie gefragt. Natürlich konnte sie das.

Und dann ihr Vorgesetzter, dieser geheimnisvolle Jessup Finch-Meyers. Was für ein interessanter Mann! Mit seinen vierzig Jahren sicherlich im reifen Alter, aber sie konnte ohnehin nichts an jungen Männern finden. Die waren so nervös und ruppig.

Im dämmrigen Licht erkannte sie vor sich die Schemen der Kisten und Verschläge. Hier im Frachtraum mischte sich in den Geruch der Lacke etwas Muffiges. Sie befand sich im vorderen Teil des Schiffes, und wenn sie ganz still war, hörte sie, wie der Bug der Titanic zischend das Meer zerteilte.

Ob dieser Finch-Meyers wohl verheiratet war? Ein Bild hatte sie in seiner Kabine zumindest nicht entdeckt. Aber was hieß das schon? Und warum diese merkwürdige Andeutung des Kapitäns über die Vergangenheit ihres Chefs? Was steckte dahinter?

Sie würde das schon herausfinden. Zunächst kam es darauf an, Mr. Finch-Meyers zu beweisen, dass sie keineswegs das kleine Dummchen war, für das er sie offensichtlich hielt. Jetzt hieß es mit energischer Eigeninitiative Licht in die dunkle Vergangenheit dieser Gäste zu bringen. Sie würden das ihre tun, um die Titanic sicher in den Hafen von New York zu bringen. Bis jetzt war schließlich alles glatt gegangen.

Sollte dieser russische Fürst tatsächlich im Trüben fischen, dann musste sich das sicherlich an seinem Gepäck feststellen lassen. Der Zahlmeister hatte ihr eine Liste mit den vermerkten Frachtstücken überlassen. Auch der Name Balgakovs

stand darauf. Was führte dieser ungehobelte Kerl so Wichtiges mit sich, dass er es nicht im Handgepäck, sondern im Frachtraum beförderte?
Ein scharfer Dunggeruch stach ihr in die Nase. Konnten Ratten dafür verantwortlich sein? Sie verglich die Gepäcknummern, die ihr der Frachtmeister aufgeschrieben hatte. Da lag die flache Kiste. »Andrej Balgakov« stand auf dem kleinen Zettel. Vorsichtig löste sie die Schnüre und hebelte mit einem Schraubenzieher den Deckel auf. Die Kiste war vollgestopft mit Holzwolle. Sie betastete das Innere und berührte eine glatte Oberfläche mit kleinen unregelmäßigen Erhebungen.
Ein Ölbild! Sie erkannte es sofort. Der Kopf einer Frau, die den Betrachter schüchtern und herausfordernd zugleich zulächelte. Patsymoon Sterlingtree schluckte. Das war doch die-

ses Bild, das im Pariser Louvre hing oder besser gehangen hatte und zu dem Tausende von Besuchern gepilgert waren. Mona Disa oder Visa oder so. Eine Menge Aufregung hatte es darum gegeben. Besonders, als es eines Morgens verschwunden war. Sie wusste gar nicht, warum man so viel Geschrei um ein derartiges Ölbild machte. Aber was ging sie das an?

Und jetzt kursierten bereits Fälschungen, wenn auch von schlechter Qualität. Die Farbe bröckelte ja schon von der Leinwand! Und auch der Rahmen war verschrammt. Sie wischte mit der Hand über das Bild und begutachtete ihre braunen Fingerkuppen. Eine wirklich schlechte Arbeit.

Kapitän Smith hatte also recht gehabt. Diese Passagiere mussten genauestens beobachtet werden. Es war zwar nicht kriminell, aber andererseits sicher auch keine gute Reklame für die White Star Line, wenn ruchbar wurde, dass auf der Jungfernfahrt der Titanic Fälschungen in die Vereinigten Staaten geschafft wurden. Rufschädigend war das. Davor würden Mr. Finch-Meyers und sie die Titanic zu schützen wissen.

Aber sollte sie ihre Entdeckung vielleicht doch für sich behalten? Schließlich hatte sie Mr. Finch-Meyers nicht von ihrer Durchsuchung des Gepäcks informiert.

Von der Treppe her hallten Schritte durch den Frachtraum. Patsymoon Sterlingtree drückte sich hinter das chromblitzende Auto, das hier mit Seilen festgezurrt war. Selbst im matten Licht der Glühbirne erkannte sie Andrej Balgakov sofort. Wenn man vom Teufel sprach. Er trug ein Stemmeisen und machte sich an der riesigen Kiste zu schaffen. Ein Quietschen, dann splitterndes Holz. Nur wenige Sekunden brauchte er, um das Brett auf der großen Kiste zu lösen. Der Mann musste außer der Fälschung noch andere geheimnisvolle Fracht an Bord geschafft haben.

Wahrscheinlich sollte sie Finch-Meyers doch lieber einweihen? Schließlich war er ihr Vorgesetzter. Aber wie die Eigenmächtigkeiten erklären, die sie sich herausgenommen hatte? Das förderte nicht gerade das Vertrauensverhältnis zwischen ihnen.
»Na, mein Guter. Schlummerst du schön? Wirst einen mächtigen Hunger haben.«
Auch das noch. Der Russe führte Selbstgespräche. Balgakov wickelte einen blutigen Fleischfetzen aus einem Stück Zeitungspapier und warf ihn in die Kiste.
Heilige Heerscharen des Himmels. Der Mann vollzog Opferrituale! Und das auf dem modernsten Schiff der Welt. Ganz ohne Zweifel ein Besessener.
Oder gab es blinde Passagiere an Bord der Titanic, die dieser finstere Zeitgenosse dort im Geheimen mit Nahrung versorgte? Kapitän Smith würde toben. Das war so sicher, wie dieses Bild falsch war. Sie musste jetzt weiteren Schaden von der Titanic abwenden. Das war schließlich ihre Aufgabe.

* * *

James fegte mit dem Tischbesen die Krümel von der Tischdecke. Das also führte diese zickige Schrapnelle im Schilde. Er sollte hier erniedrigt und ausgebeutet werden. Aber schließlich hatte er sich als Butler einstellen lassen und war nicht als Sklave im Kongo gefangengenommen worden. Jawohl, er war Diener seiner Herrin – aber er war kein Leibeigener!
Das war typisch für diese verwöhnten Töchter aus gutem Hause. Spielten ganz selbstverständlich mit dem Schicksal anderer Menschen. Vorne an der Stirnseite des Speisesaals der ersten Klasse spielte sich das Streichertrio warm. Ein Stück von Tschaikowski wurde geprobt. Zumindest hatte es

Ähnlichkeit damit. James dachte an seine Mutter, die ihm zur Nacht auf der Geige immer mit einem Stück in den Schlaf gespielt hatte. Damals war die Welt noch ein großes Wunder, das es zu entdecken galt. Jetzt war er schon beinah auf der Flucht.

Der erste Geiger, der gleichzeitig mit seinem Bogen dirigierte, klopfte auf den Notenständer und schüttelte den Kopf.

»Adagio, meine Herren, adagio. Wir befinden uns in einem finsteren Wald, gleich kommen die Elfen …«

»Und die Steaks«, brummte ein Musiker dazwischen.

»Mullet, ob Speisesaal oder Royal Albert Hall, wir geben unser Bestes, nicht wahr?«

Sein Bestes geben! James ließ sich schwer auf einen Stuhl fallen.

Er fühlte sich wie ein Aussätziger. Nicht nur, dass der Tisch deutlich abseits in eine Nische des Speisesaals gerückt worden war, nein, er sollte diesem Abschaum des Schiffes auch noch servieren. Eine unseriöse Gesellschaft. Zu bedeutend, um ihnen die Passage zu verweigern, zu zwielichtig, um sie unbeaufsichtigt unter anständige Menschen zu lassen.

James blickte hinüber zur Tür. Dezent wurde der Vorhang zugezogen. Ja, das hatte er schon vor einer Viertelstunde bemerkt. Obwohl sich noch niemand eingefunden hatte, wurden sie bereits beobachtet.

»Nun, James, verraten Sie mir, was dieses Gemurmel zu bedeuten hat?«

James sprang vom Stuhl.

»Ich habe im Geiste die Gäste gezählt und …«

»Vier James, sind sie wohl so weit gekommen?«

»Miss Sophie, ich …«

»James, der Champagner an Bord erfreut sich zwar nur eines mittelmäßigen Charakters, der zudem noch durch diese lästige Schaukelei in Mitleidenschaft gezogen wird, dennoch wäre es sicher eine famose Idee, eine Flasche davon bereitzustellen.«

»Sehr wohl, Mylady.«

Wenn er sie Mylady nannte, wurde sie immer eine Spur sanfter.

»Und James ...«, sagte sie.

»Ja?«

»Wir erwarten ein gutes Essen, vielleicht Gesang und Tanz und ...«

»Tanz, Miss Sophie?«

»Es wäre sicher angebracht, wenn Sie versuchen würden, mit dem Ausdruck Ihres Körpers nicht Ramses den Zweiten nachzuahmen. Den lassen wir weiter in Abu Simbel herumsitzen, nicht wahr, James?«

»Mylady sind so aufgeräumt.«

»James, Kaviar und Tanz und schmucke Gentlemen, alles kein Anlass für Griesgrämigkeit. Genug der Schwätzerei, an die Arbeit.«

Da gönnte dieses verwöhnte Frauenzimmer einem hart arbeitenden Mann noch nicht einmal eine Minute der Ruhe.

»Eine große, ruhmreiche Stunde ist gekommen. James, Sie haben die Ehre, beim ersten Dinner auf der Titanic vorzulegen.«

»Ich bin mir des historischen Augenblicks bewusst, Mylady, aber eigentlich war bei meiner Anstellung nicht vereinbart, dass ich auch anderen Herrschaften ...«

»James, ich werde gelegentlich mit Erschütterung daran denken. Aber jetzt an die Arbeit. Und ein bisschen mehr ›Comme ça‹ in die Bewegungen. Sie sind doch ein strammer Bursche.«

Ihr Blick fuhr über seinen Frack bis hinunter zu den Schuhen. Wollüstig war das Mädchen also auch noch. Bezirzte den

Kapitän, und machte sich sogar an den eigenen Butler ran. James fiel ihr feines, mädchenhaftes Lächeln auf. Es kam ihm vertraut, ja liebenswert vor. Ein wenig fühlte er sich an seine Mutter erinnert. Steckte hinter der Fassade dieser spröden Miss Sophie neben all der Berechnung wohl eine hingebungsvolle und zur Liebe fähige Frau? Ein Weib voller Glut und Leidenschaft? Bereit, die edelsten Gefühle, die ein Mensch zu geben war, willfährig dem geliebten Mann zu Füßen zu legen? War diese spröde Ignoranz nichts anderes als eine sturmreife Festungsmauer um ihren weichen und verletzlichen Kern? James rutschte ein Champagnerglas aus der Hand. Verwundert betrachtete er die Scherben.

»Nun, James, machen Sie uns mit neuen kontinentalen Sitten bekannt? Und wen haben wir denn da? Ach, das wird sicher Mr. Smooth Gentle sein.«

Miss Sophie streckte ihre Hand dem hageren und durchtrainierten Galan entgegen, den James bei der Einschiffung mit diesem blonden Jüngling beobachtet hatte.

»Der Kapitän hat durchaus nicht übertrieben, Miss Sophie. Er hat mich auf eine außergewöhnliche Person mit magnetisierender Ausstrahlung vorbereitet.«

»Ich hoffe, Ihre Enttäuschung hält sich in Grenzen.«

»Aber Miss Sophie. Und Ihr Butler …«

»Dieser treue Bursche hört auf James«, sagte Miss Sophie.

James zuckte zusammen.

»Aber unterschätzen Sie ihn nicht, Mr. Smooth Gentle. Dieser kleine Mann hat aus den vorhandenen, sehr rustikalen Utensilien ein gelungenes Dinner-Arrangement zusammengefügt. Nur Blumen für den Tisch konnte er leider nicht auftreiben. Das Gewächshaus war noch geschlossen.«

»Bei Ihrem leuchtenden Anblick wären Blumen auf jeden Fall eine Enttäuschung.«

»Dichterworte«, sagte Miss Sophie. »Und das auf leeren Magen.«
Smooth Gentle zuckte bei dem Wort »Dichter« zusammen.
»Und da haben wir auch Dr. Philatus Breastsucker. Den Assistenten von Dr. Sigmund ...«
Breastsucker legte den Zeigefinger auf die Lippen.
»Miss Sophie, ich bitte Sie. Er reist inkognito, und es ist in höchstem staatlichen Interesse, dass dies auch so bleibt.«
»Britannien in Nöten?«, fragte Miss Sophie.
»Unser Reiseziel, Amerika.« Breastsucker beugte sich nach vorn. »Es geht um den ehemaligen Präsidenten, aber mehr werden Sie nicht aus mir herausbekommen.«

* * *

James überprüfte die korrekte Anordnung der Teller und des Geschirrs. Deshalb also wurden sie beobachtet. Der amerikanische Geheimdienst war an Bord. Wenn die herausbekamen, dass... Nie würden sie ihn nach Kanada an den Klondike lassen.
»Ah, unser guter Fürst Andrej Balgakov.«
James schnellte erschrocken herum. Tatsächlich, da stampfte in seinen ungeputzten Stiefeln dieser Nobel-Anarchist auf ihren Tisch zu. Seine fettigen Locken schlackerten um sein Vogelgesicht, wie ein halb zur Seite gezerrter Vorhang. Am liebsten hätte James eine Tischdecke über ihn geworfen.
Großer Gott, aus seiner Jackett-Tasche baumelten ein paar Drähte! Dieser Geisteskranke trug tatsächlich eine seiner Bomben bei sich. Wenn das die amerikanische Geheimpolizei herausbekam! Ein Massaker wäre unausweichlich.
Er hatte auf eine ruhige und erschwingliche Überfahrt gehofft. Und jetzt das! Vielleicht sollte er sich beim Kapitän

um eine Arbeit als Heizer bemühen? Schmutzige, aber ehrliche Arbeit. Schwielen machten ihm nichts aus. Wenn nur sein verdammter Rücken nicht so empfindlich wäre.
Miss Sophie lief zu Höchstform auf.
»Willkommen in unserer Zitadelle der tausend Geheimnisse. Unser guter James wird uns vor eventuellen Anschlägen des Kochs bewahren.«
»Anschläge?«, fragte Balgakov und schnellte in die Höhe.
»Nun, Sauerkraut und Eisbein zum Beispiel.«
»Es gibt einen deutschen Koch an Bord?«
Mr. Smooth Gentle verzog das Gesicht.
»Die Deutschen essen Schweinefüße?«, erschauderte er.
»Eine Spezialität aus den Wäldern Germaniens, auf dessen Goutierung wir verzichten wollen. Wo die Eingeborenen des Kontinents über abgehärtete Verdauungsorgane verfügen, arbeitet bei uns Briten ein Magen.«
Der russische Fürst mit seiner Bombe blinzelte James zu. Auch das noch. James blickte zu dem kahlköpfigen Mann hinüber, der in einigem Abstand betont gleichgültig in der *Times* blätterte. Gott sei Dank, der Mann hatte diese Vertraulichkeit nicht mitbekommen. Fehlte noch, dass der Geheimdienst falsche Schlüsse daraus zog.
James holte aus dem Gang vor der Kombüse seinen Servierwagen. Die Vorspeisen waren darauf akkurat angeordnet.
Heute hatte er nur für vier Personen zu servieren. In Calvados glasierten Entenbraten mit Apfelsauce sollte es als Hauptgang geben. Doch zunächst wurden die Austern à la Russe und die Consommé Olga serviert. Spargelsalat mit Champagner-Safran-Vinaigrette sowie die Kiebitzeier standen in der Küche ebenfalls bereit.
Kapitän Smith, der sich einen Platz an diesem Tisch »gesi-

chert« hatte, wie Miss Sophie genussvoll verkündete, war verhindert. Wahrscheinlich stand er mit einer Bullenpeitsche hinter den Heizern. Tief unten im Bauch des Schiffes.
Die Satzfetzen, die James während des Servierens wahrnahm, waren äußerst beunruhigend.
»Ist es nicht erstaunlich, dass wir gleich bei unserem ersten Dinner über die Liebe sprechen«, sagte Dr. Breastsucker.
»Erstaunlich«, sagte Miss Sophie. »Und Sie sind sicher, dass es damit zusammenhängt, dass wir die Mutter nicht vergessen können?«
James spürte wieder diesen Stich in der Brusttasche. Das Bild seiner Mutter trug er auch während seiner Arbeit bei sich. War diesen Menschen denn gar nichts heilig?
»Dekadentes Salongeschwätz einer untergehenden Klasse«, sagte Balgakov und schmatzte mit halb geöffnetem Mund seine Spargelspitzen.
Miss Sophie zerteilte ihren Spargel mit virtuos geführtem Messer in kleine Scheibchen.
»Teuerster Fürst. Mir ist verständlich, dass die unteren Klassen eher über triebhafte ...«
»Manische oder besser vielleicht animalische«, sagte Dr. Breastsucker.
»Nun gut, über animalische Begierden verfügen. In den höheren Schichten sind wir uns unserer Verantwortung der Gesellschaft gegenüber bewusst und haben zumindest ein paar handfeste Neurosen aufzubieten«, sagte sie.
Dr. Breastsucker verschluckte sich an einem Petersiliensträußchen.
»Ja«, sagte Miss Sophie und legte eine weitere Spargelstange für ihren nächsten chirurgischen Angriff bereit. »Liebe ist unanständig, also reden wir über die Liebe.«
Sie kicherte.

»Sie tun der Liebe unrecht, sie ist das Zarteste und Revolutionärste, was in unserem Leben passieren kann. Sie ist eine ...« Dr. Breastsucker malte einen Kreis in die Luft.
»Eine Form der Geisteskrankheit, die Gott sei Dank vorübergeht«, sagte Mr. Smooth Gentle.
Dr. Breastsucker zupfte an seinem Ohrläppchen. »Sie ist nichts Geringeres als eine Revolution der Gefühle.«
»Ausgerechnet Sie reden über Revolution?«, brüllte Balgakov. »Ihr psychologischer Brei ist nichts als Schleim in den Augen der unterdrückten Klassen. Und ich meine Schleim und nicht etwa ...«
»Aber meine Herren«, sagte Miss Sophie und lächelte. »Auch die unteren Klassen müssen für ihre Vermehrung sorgen, nicht wahr? Wo kämen wir hin, wenn die mir nichts, dir nichts ausstürben? Wer soll da die Handreichungen fürs Grobe erledigen?«
»Liebe, zartester Austausch, das Erblicken neuer Horizonte, nun das ist in den Tiefen unsere Seele festgelegt. Da sind Triebstrukturen am Werke, die uns die entscheidende Richtung geben«, sagte Dr. Breastsucker.
»Hört, hört«, sagte Balgakov. »Gleich kommt er mit dem fehlenden Schwa ...«
»Penisneid«, sagte Dr. Breastsucker.
Miss Sophie verschluckte sich, und James beeilte sich, aus der Küche eine neue Serviette herbeizuschaffen.
Das konnte ja heiter werden. Die warfen sich ihre Schweinereien um die Ohren, und er musste um seine Pläne, ja um seine Zukunft bangen. Womöglich brachten sie den Kapitän noch auf falsche Gedanken. Sicher mit fatalen Folgen. Wer wusste schon, wo der das Schiff hinsteuerte, wenn er erst begann, über seine Mutter nachzudenken? Ja, das konnte für alle gefährlich werden. Zweimal hatte James gesehen, wie

dieser Salon-Anarchist in seiner Tasche nach der Bombe fingerte. Um Himmels willen, sie hatten noch nicht einmal die englischen Hoheitsgewässer verlassen!
Als James den Servierwagen mit der glasierten Ente darauf zurück in das Erste-Klasse-Restaurant schob, hatte sich etwas Bedeutendes verändert. Er bemerkte es sofort. Etwas stimmte nicht. Es war mit Händen zu greifen. Dr. Breastsucker hielt weiter seine Vorlesung über die Psyche der Menschen im Allgemeinen und die der Frauen im Besonderen. Smooth Gentle hielt dagegen.
»Die Seele des Menschen ist poetisch«, sagte er. »Und das ist wahrlich nicht beruhigend.«
Fürst Andrej Balgakov war die Veränderung! Er hatte einen ganz seltsamen Glanz in den Augen. Sein Essen rührte er nicht an. Dafür heftete er seinen Blick an jede der Bewegungen von Miss Sophie. Wie ein Tier, das vorsichtig ein unbekanntes Terrain beschnüffelt. Sie blickte ihn an und sog ein größeres Spargelstück in den Mund. Dann nahm sie ihre Fingerkuppen und steckte sie in ihren saugenden Schmollmund. James schluckte.
Ein paar Tropfen Sauce, die über ihre Lippen liefen, leckte sie langsam mit der Zunge ab. Dabei lächelte sie Balgakov an. Der starrte mit einem Ausdruck brennender Ungeduld und freudiger Erwartung zurück.
Gott im Himmel! Jetzt war es passiert. Kein Wunder, wenn ständig diese wollüstigen Themen besprochen wurden.

* * *

Patsymoon Sterlingtree hing an den Lippen von Finch-Meyers. Was für ein Mann! Diese Ruhe und diese Kraft. Ganz anders als dieser herausgeputzte Kapitän. Nein, wenn

sie sich in Lebensgefahr befand, dann hoffte sie inständig, dass ein Mann wie Finch-Meyers in der Nähe war.
»Nur beobachten, Miss, Miss...«
»Patsy, Sir.«
»Gut, Miss Patsy. Der Kapitän fürchtet Verwicklungen, wenn wir hier die Pferde scheu machen. Es sind Reporter an Bord. Die warten nur darauf, dass...«
»Dass?«
»Nun all die reichen Persönlichkeiten, und dann zusammen mit einem Anarchisten auf ein und demselben Schiff.«
Mr. Finch-Meyers hob beschwörend die Arme.
»Wenn das bekannt wird! Der Ruf des Schiffes leidet, und der Ruf des Schiffes ist es, den wir hier unter allen Umständen und mit all unseren Kräften zu schützen haben.«
»Verstehe«, sagte Patsymoon Sterlingtree. »Unter allen Umständen.«
Finch-Meyers nickte.
»Andernfalls... da brauchen wir uns nichts vorzumachen: Der Aktienkurs stürzt in den Keller, die Polizei von New York wird alarmiert, und wir, wir verlieren alle unseren Arbeitsplatz.«
»Aber wenn es sich tatsächlich um einen gefährlichen Anarchisten handelt, der zur Finanzierung der russischen Revolution in Geschäften unterwegs ist, dann...«
»...ist das nicht unsere Angelegenheit, solange der Mann nichts im Schilde führt. Im übrigen ist dieser Balgakov der, wenn auch missratene, Sohn eines stinkreichen Landbesitzers.«
»Er wendet sich gegen seine eigene Herkunft?«
»Ich verstehe das ja auch nicht. Diese Leute sind Götter da unten in der russischen Taiga. Der Mann besitzt Ländereien von der Größe des halben englischen Königreiches. Leibeigene Bauern, Schlösser, Gutshöfe, ja, ganze Dörfer. Aber das

soll uns nicht kümmern. Wir arbeiten im Auftrag der White Star Line. Wir sorgen dafür, dass alle an Bord diese nette kleine Spritztour in die Staaten genießen. Und wenn etwas dazwischenkommt ...«

Patsymoon Sterlingtree riss die Augen auf.

»Nun, kein Grund, in Panik zu verfallen«, sagte Finch-Meyers.

»Da, da ...«

Sie wurde blass im Gesicht und deutete zur Tür.

»Da war eben noch ein Frack zu sehen. Ich könnte schwören, es war dieser ...«

»Nun, Gespenster sind unsere Sache nicht, Miss Sterlingtree. Gehen Sie einen Moment in Ihre Kabine und pflegen Sie Ihre Nerven. Große Aufgaben liegen vor uns, wir tragen ein gehöriges Maß an Verantwortung. Sie wissen ja: Wir verteidigen den Ruf des Schiffes. Unter allen Umständen.«

»Unter allen Umständen, Sir.«

* * *

Detektive waren an Bord. Und sie hatten bereits Lunte gerochen. Er hatte es ja gleich gewusst. Während er, James, die brave Seele, gehorsam seiner Arbeit nachging, spitzten sie hinter den Vorhängen und Paravents die Ohren.

Geheimagenten und Bomben waren im Spiel, Verrückte, Millionäre und andere äußerst zwielichtige Gestalten. Alle hatten sich ausgerechnet auf der Titanic versammelt. Durfte er da Miss Sophie seine Fürsorge verweigern? Eigentlich war sie doch ganz passabel, und unter anderen Umständen wäre James sicher nicht abgeneigt gewesen, ihr den Hof zu machen. Ihre Zickigkeit hätte er ihr schon ausgetrieben. Auch ihre, er musste es nennen, wie es nun einmal war, ihre deutlich zu aufgeschlossene Art gegenüber Männern.

Miss Sophie hatte sich in das türkische Bad zurückgezogen, das James bei einem seiner ersten Spaziergänge auf dem Schiff besichtigt hatte. Es war eingerichtet wie bei Sultans zu Hause. James hängte die Blusen auf die Kleiderbügel. Seltsam aufgetakelt war sie aus der Kabine gerauscht. Sie erwartete nicht allen Ernstes, dass im türkischen Bad ein Kalif auf sie wartete? Miss Sophie als Haremsdame, der Mann konnte einem leid tun.
Nirgendwo konnte James ein Bügeleisen entdecken, und so schlenderte er über das Schiff zur Kabine des Chefstewards, um sich dort ein Gerät zu leihen.
Der Palmengarten auf dem hinteren Deck war um diese Vormittagszeit gut besucht. Im Restaurant »Ritz« bereiteten die Kellner das Mittagessen vor. Die mit Goldbuchstaben versehenen Karten standen bereits auf den Tischen.
Als James durch eine gläserne Tür in den Gesellschaftsraum der ersten Klasse blickte, glaubte er seinen Augen nicht zu trauen. Da saßen tatsächlich Miss Sophie und dieser Fürst der Finsternis. Seinem Gesichtsausdruck nach zu urteilen, legte der Mann einen ganzen Wald aus Süßholz flach. Von wegen türkisches Bad.
James öffnete vorsichtig die Tür. Miss Sophies Stimme bebte.
»Liebe ist eine Art von Kriegszustand, bemerkte schon Ovid.«
Der Anarchist schüttelte den Kopf.
»Sie tun der Liebe unrecht. Ist sie nicht die wunderbarste Himmelsmacht, die uns Menschen in ihren Bann ziehen kann, wie Dr. Breastsucker sagt?«
»Aber lieber Andrej.«
Aha, sie duzten sich also schon. Dieser Anarchist war wie ausgewechselt. Überhaupt nicht wiederzuerkennen. Ob Revolutionär oder nicht, irgendwann suchte sich jeder Deckel den passenden Topf, jedes Brötchen den warmen Backofen. Wer

war imstande, diese perverse Oberschicht-Inzucht in ihre Schranken zu weisen? Dabei hatte er eben noch gedacht... Egal. Selbst die Stimme dieses Bombenbastlers schmolz dahin, wie... wie... ekelhaft.
»Ich fürchte, ich muss dieser Idylle ein Ende setzen«, sagte Miss Sophie.
Fürst Balgakov zog sie zu sich heran.
Sie wehrte ihn halbherzig ab und stöhnte auf. Die Gute zeigte alle Verhaltensweisen einer liebestollen Stute.
»Sie wollen, dass wir die Lippen aufeinander... über Kreuz...?«
»Ein Kuss ist ein Siegel der...«
»Sie meinen sich berührende Nasen? Und dann verharren wir so, als hätten wir einen Krampf?«
»Sophie, verletze nicht mein Herz. Ich lege dir mein Leben zu Füßen, meine Zukunft...«
»Worte, mein Liebster.«
Natürlich waren das Worte! James wäre am liebsten hineingestürmt, um diesen russischen Lümmel mit seinen Bombenkabeln zu erwürgen. Miss Sophie hatte ja keine Ahnung, in welcher Gefahr sie sich befand. Der trug diese Höllenmaschine tatsächlich in seiner Tasche! Eine Erektion konnte eine Katastrophe auslösen. Blaues Kabel auf weißes Kabel...
Andrej Balgakov schilderte in leuchtenden Farben das Leben auf den Ländereien der Familie. Er beschwor die Nächte und den Sonnenaufgang in der Taiga, den Duft der halbwilden Mongolenpferde, die prasselnden Feuer. Noch in dieser Stunde wollte er ihr ein Verlobungsgeschenk überreichen. James knirschte mit den Zähnen.
»Jetzt?«, fragte Miss Sophie.
»Es dient eigentlich der Unterstützung unserer revolutionären Bewegung, aber nun haben sich die Umstände geändert.«
»Haben sie?«

»O ja. Sophie, du bist erschienen, hier auf dieser Erde, und alles alles ist anders.«

Dieser entbrannte Fürst war nicht zu halten. Arm in Arm schlenderten sie über das Promenadendeck. Andrej Balgakov malte gestikulierend ihre gemeinsame Zukunft in die Luft. James folgte in sicherem Abstand. Kamen ihm andere Passagiere oder Stewards entgegen, wieselte er geschäftig über das Schiffsparkett, als hätte er gerade einen wichtigen Auftrag seiner Herrschaft zu erfüllen.

Dieser russische Csardas-Prinz, dieser Steppen-Gigolo lockte sie in den Frachtraum! Was der Fahrtwind James zutrug, war ganz unglaublich. Täuschung ausgeschlossen. Als Kind hatte man ihn wegen seiner großen Ohren gehänselt, jetzt leisteten sie gute Dienste. Von »gemeinsamer Zukunft« und »fünfhundert Bediensteten« war die Rede, vom Erwerb eines Schlosses in England »nur für die Ferien« und von dem »harten, aber schönen Leben bei 30 Grad minus«.

James klappte den Kragen seines Fracks hoch. Auch hier, mitten im Atlantik, fielen die Temperaturen unaufhörlich, das passte zu den Phantastereien dieses Bomben-Balgakovs. Wenn er ihn, James, nun zwang, weiter bei ihm und Miss Sophie zu bleiben? Nein, in irgendeinem sibirischen Zeltlager wollte er nicht enden, sein Leben nicht mit klammen Fingern beim Bedienen eines russischen Samowars beschließen. Und auch Sophie musste er vor diesem Schicksal bewahren. Mit allem Nachdruck wollte er sie warnen.

»Ein wundervolles Lied zwitschern Sie mir da vor«, sagte Miss Sophie.

»Es ist das Lied der Zukunft, unserer Zukunft. Süß und von reinster Makellosigkeit.«

Von wegen Makellosigkeit. Für einen Augenblick sah James Miss Sophie mit schweren Lederstiefeln über die Steppe

stampfen. Auf dem Weg, die Kühe zu melken. Nein, das durfte nicht sein!
»Sophie, mein Werben ...«
»Ich soll mich hingeben?«
»Hast du die letzte Nacht vergessen?«, fragte Balgakov.
James schluckte.
»Nun«, sagte Miss Sophie, »dem Wesen nach haftet dem Erfolg etwas Enttäuschendes an. Bei der Erfüllung kommt einem immer ein Ziel abhanden, nicht wahr.«
»Wie kann Leidenschaft eine Enttäuschung sein?«
James blieb mit seinem Ärmel an einem Haken hängen. Wütend riss er sich los.
Inzwischen waren sie im Frachtraum, und dieser Taiga-Romeo kramte zwischen all den gestapelten Bündeln, Kartons und Kisten eine schmale Holzkiste hervor.
»Mein Verlobungsgeschenk«, sagte er. »Ein Bild ...«
»Ein Bild?«
Miss Sophies Augen leuchteten.
»Es ist die ...«
»Nun?«
»Die Mona Lisa.«
Miss Sophie lachte hysterisch.
»Unmöglich. Sie ist von unschätzbarem Wert, und sie hängt ...«
»Kampfgenossen haben sie aus dem bourgeois ... also, sie haben den Louvre enteignet. Ganz ehrenhaft. Dem Volke, was des Volkes ist.«
James erinnerte sich, dass er von dem sensationellen und rätselhaften Kunstraub gelesen hatte. Das Bild dieses Leonardo da Vinci galt tatsächlich als einer der wertvollsten Kunstschätze der Welt. Und dieses Gemälde sollte hier in diesem stinkenden Frachtraum der Titanic liegen?

»Es ist Unsummen wert, es ist das Bild der Bilder.«
»Sophie, ich habe den Auftrag, es in New York zu verkaufen, um so die russische Revolution zu finanzieren.«
Balgakov trommelte auf die Holzkiste.
»Und das, mein Liebster, das ist wirklich mein Verlobungsgeschenk?«
Miss Sophie mühte sich vergeblich, ihre Stimme unter Kontrolle zu halten.
»O, nein«, sagte Balgakov. »Ich weiß, dass eine Frau von deinem Stand, mit deinem Leumund, deiner Reinheit und deiner Herkunft dies niemals annehmen würde.«
»Nun ja ...«, wollte Miss Sophie einwenden.
»Es ist gestohlen!«, sagte er.
»Sicher, aber ...«
»Schütte keinen Spott über mich aus, ich weiß, um dein ehrliches und reines Herz.«
Miss Sophie lächelte gequält. Es gab also eine höhere Gerechtigkeit.
»Natürlich nicht, aber vielleicht sollten wir es behalten, als kleine Erinnerung?«
»Sophie, wie könnten wir unsere gemeinsame Zukunft mit einem Diebstahl beginnen? Ich gehe einen neuen Weg. Die Liebe hat mir die Augen geöffnet. Ich lege dir meine Ehre zu Füßen.«
James schluckte. Dieser Mr. Smooth Gentle hatte Recht. Die Liebe war eine Geisteskrankheit. Dass sie aber so schnell das Hirn eines erwachsenen Menschen befallen konnte, nun, auch er, James, hatte das nicht für möglich gehalten.

* * *

Das Bild oder besser sein Gegenwert war sicher kein Pappenstiel. Damit konnte er sich das mühsame Goldwaschen sparen, brauchte nicht den Rücken am Klondike krumm zu machen, und schneller ging es mit dem Reichtum auch.
Und dieses Vermögen lag einfach so hier im Frachtraum herum? In einer Holzkiste? Zum Greifen nahe? Alles, was er sich je in seinem Leben erträumt hatte oder noch erträumen würde, all das in einer schlichten Holzkiste? Nur vier Schritte entfernt? Unglaublich.
Miss Sophie umarmte Balgakov und küsste ihn auf die Stirn. »Ich bin ja so stolz auf dich. In Verwahrung werde ich das Bild nehmen und dich, mein Liebster, von deinen Gewissensqualen befreien.«
»Eine junge Liebe ist eine zarte Blüte, der nicht der Mehltau der Lüge und des Diebstahles anhaften darf«, sagte er.

Immer wieder versicherte Miss Sophie ihm, dass er ihr diesen »Liebesdienst«, wie sie es nannte, durchaus abverlangen dürfe. Ach, wie gern wäre James ihr zur Seite gesprungen. Wild entschlossen, sein Schicksal und auch das ihre in die eigenen Hände zu nehmen. Dass sie dringend Geld brauchte, daran konnte kein Zweifel bestehen. Warum hätte sie ihn sonst in die unteren Decks pferchen müssen? Und auch er selbst war schließlich gerade ein bisschen klamm.

»Darf ich es denn wenigstens sehen?«, fragte Miss Sophie.

Andrej Balgakov schüttelte energisch den Kopf. »Nein, das bringt nur Unglück, *mon amour*«, sagte er, »wir werden *ihn* darauf aufpassen lassen.«

»Ihn?«

Balgakov sprang auf eine riesige Kiste und klappte ein Brett zur Seite. Rasch ließ er die Holzkiste darin verschwinden. Im gleichen Augenblick war ein scharfes Fauchen zu hören.

»Was um Gottes willen machst du?«, erbebte Miss Sophie.

»Ein sibirischer Tiger.«

»Auf der Titanic?«

»Er wird an eine amerikanische Zaubershow verkauft. Ein Beitrag der sibirischen Genossen zur Finanzierung der Revolution.«

»Und wenn er sie frisst?«

»Die Genossen?«

»Die Mona Lisa!«

»Nun, sie ist nicht aus Fleisch und Blut ...«

»Weiß das der Tiger?«

Balgakov schüttelte den Kopf.

»Solange er regelmäßig sein Fressen bekommt und seine Medizin, wird er sich nicht an dem Bild vergreifen.«

»Seine Medizin?«

»Ein verdünntes Schlangengift, das ihn in einen leichten Schlummer versetzt. Aber so wach, dass man nicht in den Käfig hineingreifen sollte, so wach ist er immer noch. Wie gesagt, der sicherste Ort für das Bild. Ich will niemand in Versuchung führen. Das ist für immer vorbei.«
Miss Sophie senkte resigniert den Kopf.
»Ich werde jetzt den Kapitän zur Umkehr der Titanic bewegen«, sagte Balgakov.
James erstarrte.
»Wollen Sie dem Mann mit Erschießung drohen?«, fragte Miss Sophie.
»Wenn es sein muss. Aber ich habe andere Mittel.«
Balgakov klopfte auf sein Jackett, aus der immer noch ein blauer und ein weißer Draht baumelten.
James duckte sich hastig hinter eine Kiste.
»Niemals wird er umkehren«, sagte Miss Sophie.
»Ich habe Mittel und Wege. Und wenn alle nicht helfen, dann …«
»Dann?«
»Kaufe ich dir das Schiff, nicht wahr?«
Miss Sophie kicherte wie eine pubertierende Schülerin.
Der Mann war zum Äußersten bereit, und James sah, wie der golden glitzernde Klondike sich langsam entfernte. Sah, wie seine Goldwäscherpfanne kleiner und kleiner wurde. In der Hand hielt er ein Goldnugget, das zu Staub zerfiel. Eine Windböe trug die Wolke davon.
Ja, dieser Balgakov hatte die Macht und die explosiven Möglichkeiten, den Kurs des Schiffes zu ändern. Kein Zweifel. Er hatte Geld, und er hatte eine Bombe. Und was hatte er, James?
Das alles war höchst unerfreulich. Ganz zu schweigen von dem lüsternen Glitzern in Miss Sophies Augen. Durch den

Bretterspalt blickte sie in den Käfig. Der Tiger gab Schnarchgeräusche von sich.
»Ich bin halb verhungert«, sagte Miss Sophie, die ihren Blick kaum von dem Käfig lassen konnte. Sie reichte Balgakov ihren Arm.
»Ich habe tatsächlich mein Leben verändert«, sagte er. Miss Sophie stöhnte. Ein äußerst beunruhigendes Stöhnen, fand James. Es klang, als dringe es aus einer anderen, finsteren Welt zu ihnen hinauf. Das verhieß nichts Gutes.

* * *

»Er ist verschwunden«, sagte Finch-Meyers.
Der Kapitän nahm einen Schluck aus der Teetasse.
»Unsinn, auf meinem Schiff verschwindet nichts.«
»Dieser Salon-Anarchist, wie vom Wasser verschluckt.«
Auch Patsymoon Sterlingtree nickte.
»Er hat etwas vor«, sagte Smith düster. »Und ich würde mich nicht wundern, wenn er da auf ein paar Mitverschworene an Bord zählen könnte.«
»Sie glauben, er versteckt sich?«
»Vielleicht bereitet er sogar …«
»Ein Anschlag auf hoher See?«
»Nein, nein«, sagte der Kapitän, »das ist unwahrscheinlich, da würde er sich ja selbst umbringen. Aber welcher zivilisierte Mensch kann sagen, was im Kopf so eines Russen vor sich geht?«
Patsymoon Sterlingtree fragte sich, ob sie jetzt ihren Verdacht äußern sollte, doch dann behielt sie es lieber für sich. Ihre Entdeckung an diesem merkwürdigem Gerät in der Kombüse war sicher unbedeutend. Der Kapitän würde wahrscheinlich einen seiner gefürchteten Wutausbrüche bekommen.

»Wir müssen ihn finden«, sagte Finch-Meyers. »Rechtzeitig.«
»Ich werde Sie an diesem Tisch einführen. Incognito, versteht sich«, antwortete der Kapitän.
»Sie werden also heute mit uns dinieren und Miss Sophie, Oscar Smooth Gentle und Dr. Philatus Breastsucker kennenlernen. Und wenn wir Glück haben, lässt sich auch dieser Professor Freud blicken. Mit dem können Sie sicher trefflich berufliche Erfahrungen austauschen.«
»Aber, ich soll doch incognito ...«
»Ich werde Sie mit Ihrem früheren Beruf vorstellen.«
Finch-Meyers hob abwehrend die Hände.
»Das kommt nicht in Frage.«
»Papperlapapp. Dafür muss man sich nicht schämen. Ist ja schließlich eine Berufung zu Höherem.«
Patsymoon Sterlingtree hätte Mr. Finch-Meyers am liebsten in die Arme geschlossen. Wie konnte der Kapitän das von ihm verlangen? Ja, was verlangte er eigentlich?
Und dann dieser mysteriöse Beruf, den der Borddetektiv unbedingt verschweigen wollte. Sicher etwas Hinreißendes. Sie liebte starke Männer. Bei ihnen konnte man sich nicht nur anlehnen, man konnte ihnen auch vertrauen. Ein aufregendes Leben führte dieser Jessup Finch-Meyers obendrein, auch wenn er jetzt den Kapitän betroffen ansah. Smith lachte.
»Nicht vergessen, mein Bester. Das Leben ist ein Spiel, aber uns obliegt nun einmal die Verantwortung für die Titanic und die 2334 Seelen an Bord, nicht wahr? Und Seelen sind nun mal Ihr Metier.«

* * *

James räumte die Suppenteller ab.
»Jetzt werden wir den Hauptgang in Angriff nehmen.«

»Sehr wohl, Miss Sophie.«
Kapitän Smith schlürfte einen Schluck Wein.
»Das klappt ja bestens, liebe Miss Sophie. Finden Sie nicht auch, Pater Finch-Meyers?«
Patsymoon Sterlingtree prustete die Suppe auf ihren Teller.
»Pater?«, fragte Miss Sophie. »Das verleiht unserer kleinen illustren Runde ja einen ganz neuen Glanz. Wo haben Sie denn Ihre Kutte?«
»Oh, ich würde mich freuen, wenn ich Ihren erlesenen Kreis bereichern könnte, aber ich fürchte ...«
»Nur nicht so bescheiden, Pater. Ein Mann mit spirituellem Herzen, das ist es, was an diesem Tisch gefehlt hat.«
»Mr. Oscar Smooth Gentle und Dr. Breastsucker haben Sie ja schon kennengelernt.«
Die beiden Herren nickten ihm zu.
»Fürst Andrej Balgakov lässt sich entschuldigen.«
»Entschuldigen?«, fragte Finch-Meyers.
Miss Sophie ordnete ihre Messer neu.
»Er wird mit einem seiner Hobbys beschäftigt sein.«
»Soso«, sagte Kapitän Smith.
»Hobbys«, brummte James. Dieser Prinz Charming mit den ausgebleichten Wangen war da unten in der Hölle sicher gerade mit ganz anderen Dingen beschäftigt.
»James, wie meinen?«, fragte Miss Sophie.
»Oh, Miss Sophie, ich serviere dann die Medaillons de Bœuf.«
»Prächtige Idee, James. Ich komme um vor Hunger.«
Sie blitzte James an.
James holte den Servierwagen aus der Küche. Ja, er war sich ganz sicher. Auch sie war vor ein paar Stunden dort gewesen und hatte mit hoher Wahrscheinlichkeit dieses Ungetüm von Maschine in Gang gesetzt. Er hatte sich nur einmal unglücklich bewegt und schon war ... na gut, das ließ sich jetzt nicht

mehr ändern. Schließlich war dieser Herr Fürst von Scholle und Acker selbst schuld. Niemand zwang die Titanic mal eben zurück auf den Kurs nach Southampton. Und nur, weil er ein wenig verliebt war. Wo kamen wir denn da hin? Nein, von diesen reichen Schnöseln, die im Luxus der Erste-Klasse-Kabinen schwelgten und ihn für die Weltrevolution anwerben wollten, ließ er sich nicht hinters Licht führen. Er nicht. Er hatte eine blendende Zukunft vor sich, und die lag ein paar tausend Seemeilen geradeaus. In Fahrtrichtung. James dachte an seine Goldwäscherpfanne. An den Klondike. Und er dachte an Miss Sophie, die ihm mit ihrem Taschentuch seinen Schweiß von der Stirn tupfte, während er Goldbarren zu einer Pyramide stapelte.

Der Kapitän kaute, während er sprach. »Hinten reinwerfen und vorne kommen sie geschält und rund wieder raus.«

Miss Sophie schluckte.

»Eine elektrische Kartoffelschälmaschine?«, fragte Oscar Smooth Gentle und musterte den Kapitän.

»Die erste weltweit. Ein Wunderwerk der Technik. Wir sind ganz stolz darauf«, sagte der Kapitän. »Wie ich sagte: Hinten rein und vorne raus, das geht alles ganz automatisch. Ruckzuck.«

Miss Sophie fixierte ihre Rindsmedaillons. Sie schluckte.

»James, sind sie nicht ein bisschen blutig?«

»Englisch, Mylady. Wie gewünscht.« Miss Sophie schluckte mit aller Kraft etwas herunter, das sich beharrlich weigerte, ihren Hals zu passieren.

»Handelt es sich bei dieser Kartoffelschäl- und Portioniermaschine um dieses große eckige Ding in der Küche, bei dem man auf der einen Seite einen erwachsenen ... also einen Kartoffelsack auf einmal hineinwerfen ...«

»Das will ich meinen«, sagte Kapitän Smith und biss herzhaft

in ein saftiges Medaillon. Auch Jessup Finch-Meyers aß mit gutem Appetit.
Miss Sophie stierte entgeistert auf den Teller vor Smith und dann auf ihren eigenen. Auch James mühte sich mit krampfhaft verschlossenem Mund, ein Würgen zu unterdrücken.
Jessup Finch-Meyers schnalzte mit der Zunge.
»Das läuft alles ganz automatisch«, sagte Kapitän Smith. »Sie werfen die Kartoffeln rein, sie werden geschält, die Kartoffelaugen ausgestochen, geschnitten in einen Topf abgefüllt und anschließend gebraten, gekocht, was immer sie wollen.«
»Das hier ist ein Maschinenessen?«, fragte Oscar Smooth Gentle und schob den Teller von sich.
Miss Sophie starrte immer noch auf die Medaillons.
»Ich fürchte, ich ringe mit einem Anflug von Seekrankheit. Ich werde mich in meine Kabine zurückziehen.«
»Sie wollen dieses wunderbare Essen nicht anrühren?«, fragte Finch-Meyers. »Wir könnten Ihnen etwas aufheben ...«
»O ja, das schmeckt sicher auch aufgewärmt noch ganz vorzüglich«, sagte Dr. Philatus Breastsucker. »Aufgeschnitten und auf Toast.«
»Nein, danke«, sagte Miss Sophie. James spürte ein trockenes Kratzen im Hals. Miss Sophie ließ mit einer flinken Bewegung das kleine Kabel verschwinden, das aus ihrem Medaillon lugte.
»Dieser Fürst Balgakov weiß gar nicht, was er da verpasst«, sagte Kapitän Smith und füllte sich neben dem Gemüse zwei weitere Medaillons auf den Teller.
»Wahr gesprochen«, sagte Jessup Finch-Meyers. »Welches Hobby ist es schon wert, dafür dieses Essen herzugeben.«

Oscar Smooth Gentle

Dieser verschwundene Balgakov lag Jessup Finch-Meyers schwer im Magen. Er fuhr sich über den Bauch und seufzte. Damit kurierte man kranke Kätzchen. Warum sollte das nicht auch einem hinausgeworfenen Pater helfen, sein Magendrücken loszuwerden? Er hätte lieber auf das letzte Medaillon verzichten sollen. Zumal ein Knopf darin verborgen war. Ohne großes Aufhebens hatte er ihn in seiner Serviette verschwinden lassen. Ein solcher Fund war ein Skandal. Schließlich speisten sie hier nicht in einer Suppenküche in den unteren Decks, sondern im Speisesaal der ersten Klasse. Und ausgerechnet er, der die Interessen der White Star Line und den Ruf der Titanic verteidigen sollte, wäre der Auslöser eines kulinarischen Eklats ohnegleichen gewesen. Ganz unglaublich.

Finch-Meyers erhob sich von seiner Koje und machte sich auf den Weg in den Frachtraum. Im Rauchsalon der ersten Klasse unterhielten sich ein paar wohlbeleibte männliche Passagiere über Aktienkurse. Von der goldenen Zeit »ohne Baisse« war die Rede, von den Errungenschaften modernster Technologie, die die Menschheit in ein goldenes Zeitalter führte. Vom unüberschaubaren Risiko der Investitionen in die gerade entstehenden Automobilfirmen. Blaue Rauchwolken aus den Havannas schwebten über ihren Köpfen. Finch-Meyers würde nie verstehen, wie man seinen Lungen derartiges freiwillig antun konnte.

Wenn seine Nase ihn nicht trog, befand sich da unten, ein paar Meter unter der Wasserlinie, das ideale Versteck für diesen anarchistischen Fürsten. Ein bombenwerfender Adliger! Was für paradoxe Zeiterscheinungen. War diesem Jahrhundert Sitte und Anstand vollkommen abhanden gekommen? Da lobte er sich doch seine indische Mission. Solche Entgleisungen der Zivilisation hatten Indien noch nicht heimgesucht. Ein armes Land zwar, aber ein Land, in dem die Menschen derartige Verdrehtheiten nicht kannten. Gott sei Dank. Nein, nie hätte er gedacht, dass sein Leben einmal diese Wendung nehmen würde. Er, der die Gottesdienste in der kleinen Missionskirche so geliebt hatte. Und dann der Unterricht für die Kinder, die Pflege der Kranken. Sein Leben hatte einen Sinn, war gottgefällig gewesen. Und jetzt? All das wegen einer Frau. Er, ein Diener Gottes, und nun in Lohn und Brot als Borddetektiv. Nicht zu fassen.

Patsymoon Sterlingtree erwartete ihn am Eingang zum Frachtraum. Sie schwenkte eine Petroleumlampe. Im flackernden Licht bemerkte Finch-Meyers ihre hektischen Gesichtsflecken. Ihre Hände zitterten.

»Anarchisten sind meines Wissens keine Menschenfresser«, sagte er und nahm ihr die Lampe ab.

Der Lademeister hatte die Kasten, Kartons und Bündel hier unten sorgfältig gestapelt. Auf jedem der Frachtstücke klebte ein Schild mit einer großen schwarzen Zahl und einem Namen. Diebe fürchtete hier, hinter der gut gesicherten Stahltür, niemand. Die Wertsachen hatten die reicheren Passagiere ohnehin im Panzerschrank des Zahlmeisters Hugh McElroys verwahrt.

»Hier liegen die Sachen von Lord Banks, und dort die Londoner Einkäufe Lady Wienermeres. Ja, da steht es ja, das müssten ...«

Patsymoon Sterlingtree wippte von einem Bein auf das andere. »Sir, also ich müsste ihnen etwas ...«

»Nicht jetzt«, zischte Finch-Meyers und deutete auf die Kisten. »Gut möglich, dass sich dieser Balgakov hier unten verborgen hält.«

Patsymoon Sterlingtree blickte mit schreckgeweiteten Augen in die Tiefe des Frachtraums. Die Flamme flackerte und verlosch.

»Mr. Finch-Meyers?«

»Pssst!«

Plötzlich war direkt neben ihr ein heiseres Brummen. Sie spürte etwas Weiches an der Hand.

»Mr. Finch-Meyers, sie werden diese Situation doch nicht ausnutzen?«

* * *

»Der Kapitän ist mit wichtigen Dingen auf der Brücke beschäftigt«, sagte Miss Sophie und bat James, die gebratenen Täubchen auf Brunnenkresse zu servieren.

»Es gibt Stämme in der Südsee, die essen das Gehirn ihrer getöteten Feinde«, bemerkte Oscar Smooth Gentle.

James zuckte zusammen. Miss Sophie warf ihm einen drohenden Blick zu und lächelte Smooth Gentle an. Der ließ sich nicht bremsen.

»Sie glauben, dass mit dem Verzehr die Kraft und das Wissen ihrer Feinde auf sie übergehen. Außerdem ist es so eine Art Respektbezeugung vor den unterlegenen Kriegern.«

Dr. Breastsucker ließ die Gabel sinken. »Interessant, das deutet auf ihre nicht ausgelebte natale Phase während der Kindheit. Das dürfte den Chef interessieren, wenn …«

»Ja?«, fragte Miss Sophie.

»Nun, seitdem er an Bord ist, verschlingt er einen Kriminalroman nach dem anderen. Geradezu eine Manie.« Breastsuckers Stimme klang besorgt.

»Der Kannibalismus ist eine Variante der Nächstenliebe«, setzte Mr. Smooth Gentle nach. »Eine gut gewürzte, versteht sich. James, was halten Sie von diesen Sitten?«

»Eine Meinung steht mir nicht zu, Sir.«

Ungehalten legte Miss Sophie ihr Besteck auf den Tisch.

»Wie jeder normale Mensch hält sicherlich auch mein Butler dieses Gerede über Kannibalismus für geschmacklos, nicht wahr, James?«

»Geschmacklos? Oh, Miss Sophie, ich kann das beim besten Willen nicht beurteilen. Ich hatte bisher keine Gelegenheit zu einer Kostprobe.«

* * *

»Mr. Finch-Meyers, ich hoffe, ich habe Ihre Gefühle nicht verletzt, aber dieses animalische Geräusch aus Ihrem Munde.«

»Ich verbitte mir das. Aus meinem Mund ist nichts Animalisches gedrungen. Und auch nicht ...«

»Ja?«

»Zur Sache! Was wir da gehört haben, muss ein mechanisches Geräusch der Schraube gewesen sein. Womöglich könnte ein Tropfen Öl Abhilfe schaffen. Ansonsten keine Spur von diesem Anarchisten.«

»Nein, Sir. Sollten wir vielleicht sein Gepäck untersuchen?«

»Nun, der schläft sicher in seinem Koffer, Miss Sterlingtree.«

»Patsy.«

»Miss Sterlingtree, wir haben hier eine bedeutende Aufgabe zu erledigen. Es geht um den Ruf des Schiffes. Es geht um Gefahren, die uns allen drohen, wenn dieser Mann ohne Beobachtung auf der Titanic sein Unwesen treibt.«

»O ja, Mr. Finch-Meyers. Ich bin mir dessen bewusst.«

Dieser Mann konnte so großartig sein. Allein diese energische Stimme. Und dieser etwas unbeholfene Annäherungsversuch!

Sicher, Jessup Finch-Meyers hatte darin keine Erfahrung. Wie sollte er auch, als Pater. Nein, sie musste ihn ein wenig zappeln lassen und zur rechten Zeit ermutigende Zeichen geben. Solch stattliche Burschen liebten es, mit dem Köder zu spielen, bevor sie... Nun, das kam später. Sie würde diesen Andrej Balgakov aus seinem Versteck scheuchen. Augen würde ihr Chef machen, und wer weiß, vielleicht eröffneten sie gemeinsam eine Detektei in New York. Oder doch lieber in London? Mit einem gemeinsamen Schreibtisch und einer hübschen Ledercouch.

* * *

James wuchtete die Speckseite durch die Gänge. Er stieß gegen einen Feuerlöscher und fluchte. Überall versperrten diese roten Ungetüme den Weg. Lieber hätte er den Tiger mit ein paar dieser ach so leckeren Medaillons gefüttert. Das wäre die richtige Strafe für diesen Anarchisten gewesen! Im Bauch seines eigenen Tigers zu enden. Aber die Medaillons waren alle restlos vertilgt worden.

Ein unausstehlicher Mensch, dieser Andrej Balgakov. Das Schiff umlenken! Dabei war er noch nicht einmal verantwortlich für diese unglückselige Wende in Balgakovs Schicksal. Er hatte nur ein paar unmissverständliche Worte mit ihm wechseln wollen. Die Maschine war schließlich ohne sein Zutun angelaufen. Je mehr Zeit verging, desto sicherer war er, wer da im Schutze der Dunkelheit in die Kombüse gehuscht und den Schalter umgelegt hatte.

Und jetzt war er es wieder, an dem die ganze Arbeit hängen blieb. Und alles nur, damit diese verdammte Katze zufriedengestellt wurde und sich nicht an dem Bild verging, auf das Miss Sophie so scharf war. Wenn Frauen sich etwas in den Kopf setzten!

James schulterte die Speckseite. Ging es nun den Gang links entlang oder die Treppe hinab? Auf diesem Schiff brauchte man einen Kompass oder besser noch einen Plan, um sich zurechtzufinden. Kein Zweifel, er hatte sich verlaufen. James öffnete eine Tür und stand im Treppenhaus. Von oben schien Tageslicht durch eine Kuppel. Ein Kristallleuchter hing über der Treppe, deren geschnitzter Handlauf sich hinaufwand. In einer Nische auf der Höhe des Treppenabsatzes wurde eine Uhr von zwei Engelsfiguren gehalten. Die Stufen waren mit einem schweren Teppich bedeckt. James setzte die Speckseite ab. Das Ganze hier war das Territorium jener Passagiere, die es geschafft hatten, das Refugium der ersten Klasse. Schon bald würde auch er ganz selbstverständlich hier hinauf- und heruntersteigen. Ganz, wie es ihm beliebte.
James verbarg die Speckseite hinter einem samtenen Sessel. Der junge Leonardo di Carrera stieg die Treppe herunter. Auf dem Absatz wartete seine Freundin mit den roten Haaren. »Hallo, Kate«, sagte er. Trotz seiner eleganten Kleidung hatte James den jungen Mann, der sein Ticket in der Hafenkneipe gewonnen hatte, gleich wiedererkannt. Wusste der Teufel, warum der jetzt im feinen Zwirn durch die erste Klasse stolzierte und sich eine so teure Braut leisten konnte. Auf diesem Schiff ging es drunter und drüber.
James schulterte die Speckseite und machte sich auf den Weg. Das Gewirr der Gänge und Treppen würde er nie begreifen. Er öffnete eine Tür und stand im Gymnastikraum des Schiffes. Eine Dame hatte sich ein Handtuch um den Hals gelegt und strampelte auf einem Fahrrad, das trotz all ihrer Bemühungen keinen Zentimeter von der Stelle kam. Ein Mann in einer Trainingshose saß in einer Art Ruderboot und zog an den Riemen. Schweiß perlte über seine Stirn. Seltsame

Marotten pflegten einige Leute in ihrer Freizeit. Wenn sie sich unbedingt betätigen wollten, warum legten sie nicht mal mit Hand an und halfen ihren Bediensteten? Auch James hätte gegen ein wenig Hilfe beim Tragen nichts einzuwenden gehabt. Aber die stemmten lieber Hanteln, als auch nur einen Teller hochzuheben.

»Entschuldigen Sie die Störung, aber dies wird dringend in der Küche benötigt.«

James verschwand durch eine zweite Tür und eilte über die Privatpromenade der Salon-Suiten. Argwöhnisch musterte er die Rettungsboote. Fehlte noch, dass der Geist dieses Bombenbauers hier herumspukte und womöglich als lebende Kartoffel erschien. Mit schwarzen Augenhöhlen. Automatisch ausgestochen.

Nach einigen Minuten hatte James endlich die richtige Treppe gefunden und stieg hinab in den Frachtraum. Er legte seine Ohren an die gewaltige Kiste. Aus dem Inneren drang das ruhige Schnarchen des Tigers. Vorsichtig löste er ein Brett und presste die Speckseite hindurch. Mit einem dumpfen Klatschen landete sie auf dem Kistenboden.

Als Butler war er in die Dienste von Miss Sophie getreten und jetzt spielte er den Raubtierdompteur. Das gehörte ganz sicher nicht zu den Aufgaben eines britischen Butlers, aber Miss Sophie hatte nun einmal darauf bestanden. Andererseits konnte er sie durchaus verstehen. War das Bild tatsächlich so wertvoll, dann ...

Sie hatte ihm versprochen, dass er seine Treue nicht bereuen würde. Was immer das auch bedeuten mochte. Angeblinzelt hatte sie ihn. Manchmal wirkte sie so entsetzlich zerbrechlich. Und im nächsten Augenblick ...

»Allem kann ich widerstehen, lieber James, nur der Versuchung nicht.«

James fuhr herum. Ein Streichholz wurde angerissen, und James erkannte den lächelnden Smooth Gentle. Er steckte einen Zigarillo in Brand.

»Ich liebe Geheimnisse, mein lieber James. Nun? Gesegnet seien jene, die nichts zu sagen haben und auch tatsächlich den Mund halten.«

»Ein Missverständnis, Sir.«

»Wissen Sie, manchmal überkommt mich mitten in der Nacht ein ganz unglaublicher Heißhunger, und da suche ich mir die nächstbeste Küche, oh, pardon, Kombüse nennt man das hier wohl...«

Gab es noch einen Zeugen?

»Doch jeder tötet, was er liebt, nicht wahr? Also, Mr. James McMullen, was war so liebenswert an Fürst Andrej Balgakov? Finden Sie nicht, er hat ein wenig streng gerochen?«

»Sir, wenn überhaupt, war es eine Verkettung unglücklicher Umstände, ein Unfall, der...«

»Nicht so wichtig. Wir werden dieses kleine Geheimnis für uns behalten, nicht wahr? Ich glaube, Sie sind ohnehin nicht der richtige Ansprechpartner. Zumindest nicht der einzige.«

»Sie könnten da einen ganz falschen Eindruck gewonnen haben, Sir.«

»James, Sie sind verliebt. Und ich sage Ihnen: Die Ehe ist ein Versuch, zu zweit wenigstens halb so glücklich zu werden, wie man es alleine gewesen ist.«

»An eine Ehe würde ich nicht im Traum denken, Sir.«

»Nun, die Männer heiraten, weil sie müde, die Frauen, weil sie neugierig sind. Und enttäuscht werden beide.«

»Aber es muss doch Glück geben, wenn zwei verwandte Seelen...«

»O ja, James. Ein Mann kann mit jeder Frau glücklich werden... solange er sie nicht liebt.«

»Das bringt mich ganz durcheinander, Sir. Sehen Sie, seit wir in Southampten abgelegt haben …«
»Raus damit, Mr. McMullen. Reden Sie.«

* * *

»Wollen Sie nicht zu mir ins Wasser steigen, meine liebe Patsymoon Sterlingtree? Ungemein entspannend.«
»Leider habe ich meine Badesachen nicht dabei, Kapitän Smith.«
»Aber das macht doch nichts. Der Swimmingpool gehört uns. Wir sind allein.«
Kapitän Smith zwinkerte ihr aus dem Wasser zu. Der Mann litt unter einem akuten Notstand. So etwas kannte man ja. Aber schließlich hatte sie hier ihre Arbeit zu erledigen, und der Kapitän war sicherlich der erste, der einen Wutausbruch bekam, wenn sie ihre Pflichten vernachlässigte.
»Ich hätte da noch eine Frage zu der Kartoffelschälmaschine.«
»Jetzt?«
»Also, bei unsachgemäßer Bedienung, was passiert da?«
»Was meinen Sie?«
»Wenn etwas hineingeworfen wird, was gar nicht hineingehört, Sir.«
»Das ist ein Wunderwerk der Technik. Da kommen sauber geschälte Kartoffeln raus.«
»Und wenn man ein paar Kohlenstücke hineinwirft?«
»Dann kommen sauber geschälte Kohlenstücke heraus. Was soll das?«
»Es war Blut an der Maschine. Es sieht aus, als hätte sich jemand daran zu schaffen gemacht, der sich damit nicht auskennt.«

Der Kapitän griff zu einem Schwimmring und ließ sich auf dem Rücken über das Wasser treiben.

»Ach, Miss Sterlingtree, selbst wenn Sie es nicht für möglich halten, auch ein Kapitän muss entspannen.«

»Es geht schließlich um diesen Balgakov.«

»Sie haben ihn gefunden?«

»Das nicht, aber ich vermute, er hat sich nachts in der Kombüse etwas zubereitet. Ich glaube, er hat die Kartoffelschälmaschine unsachgerecht bedient, und ich glaube ... »

»Ja, und weiter?«

Kapitän Edward J. Smith schwamm zum Rand des Pools und griff zu seiner Mütze.

»Da könnten wir ihn schnappen, Sir.«

Jetzt war es heraus. Eigentlich hatte sie ja vorgehabt, zunächst Mr. Finch-Meyers einzuweihen, aber nun hatte sie spontan beschlossen, ihrem Chef den dingfest gemachten Balgakov zu präsentieren. Außerdem konnte sie ihn einfach nicht ausfindig machen. In seiner Kabine war er nicht, und die Zeit drängte.

Der Kapitän setzte seine Mütze auf und kratzte sich am Haaransatz.

»Was halten Sie von einer kleinen Lagebesprechung in meiner Kabine, Miss Patsy?«

* * *

Miss Sophie und ihre Ideen. Gier macht tatsächlich erfinderisch. Und misstrauisch. Hatte man endlich in seinen Besitz gebracht, wonach es einen gelüstete, dann gab es immer einen anderen, der fest entschlossen war, es einem wieder abzujagen. James balancierte auf der großen Kiste. Vorsichtig löste er ein Brett auf der Oberseite. Das Schlafmittel, das er in die Speckseite geträufelt hatte, schien gewirkt zu haben.

»James, wenn Sie jetzt die Angel zur Hand nehmen würden.« Miss Sophie reichte ihm die beiden zusammengebundenen Gardinenstangen.
Patent war das Mädchen ja, das musste man ihr lassen. Hatte aus den Stangen, einem Wollfaden und einer gebogenen Hutnadel eine brauchbare Angel zusammengebastelt. Doch wie sollte er in der Dunkelheit die Kiste mit dem Gemälde an den Haken bekommen? So eine Kiste biss ja nicht an wie ein Fisch.
»Miss Sophie, ich fürchte …«
»James, ein wenig mehr Enthusiasmus bitte.«
Aus dem Dunkeln der Kiste drang das Schnarchen des Tigers. Er musste nur auf seine Hand aufpassen, sonst passierte noch ein Unglück. Vorsichtig ließ James die Schnur hinab.
»James, ich werde mich um den Kapitän kümmern«, sagte Miss Sophie und griff zu ihrer Handtasche.
»Wenn Sie das Bild geborgen haben, legen Sie das gute Stück doch bitte auf meinen Nachttisch.«
Sie rauschte aus dem Frachtraum. Da durfte er jetzt wieder ganz allein die Kohlen aus dem Feuer holen. Typisch. Wenn es um Arbeit ging, dann hatten diese feinen Herrschaften immer Wichtigeres zu tun.
James ließ die Angel hinab. Er versuchte den Haken ein wenig hin und her schwingen zu lassen. Plötzlich spürte er einen Widerstand. Vorsichtig zog James an. Irgendetwas hatte er erwischt. Im Dunkeln der Kiste sah er ein verheißungsvolles Glitzern. Warum sollte er eigentlich Miss Sophie mitteilen, dass er Erfolg gehabt hatte? Die Gier tat ihr gar nicht gut. Brachte sie nur auf dumme Gedanken. Machte Falten.
Behutsam zog James den Gegenstand durch die kleine Öffnung. Ein silbern glänzender Fressnapf.

»Nun, James, Petri Heil«, sagte eine Stimme aus dem Dunkel.
»Mr. Smooth Gentle!«
»Wenn ein Mann genau das tut, was eine Frau von ihm verlangt, wird sie bald nichts mehr von ihm halten«, sagte er.
»Ich weiß nicht, was Sie meinen. Ich komme hier nur meinen Pflichten nach.«
»Mit einer Angel? Lassen wir das Gerede. Der gute Andrej Balgakov hat mich eingeweiht, oder besser, er hat mir das Bild zum Kauf angeboten. Bevor er sich mit der Liebe infizierte.«
»Holen Sie es sich doch, Sir. Bitte sehr.«
»James, warum so feindlich? Nagt die Liebe so arg am treuen Butler-Herzen?«
Nein, er hätte Mr. Smooth Gentle auf keinen Fall beichten dürfen, dass er mehr Gefühle für Miss Sophie hegte, als es sich für einen Butler ziemte. Aber als Smooth Gentle ihn des Mordes an Andrej Balgakov bezichtigte, musste er schließlich irgendwie erklären, warum er sich in der Küche mit diesem Anarchisten gestritten hatte. Immer noch besser, als wenn dieser Smooth Gentle Einzelheiten über die dramatischen Ereignisse an der Kartoffelschälmaschine herausbekommen hätte. Dennoch, er hätte es für sich behalten sollten.
»James, eine Frau ...«
James ließ den Haken hinab in die Kiste.
»Nun drücken wir es anders aus, lieber James. Der einzige Unterschied zwischen einer Laune und einer Liebe besteht darin, dass die Laune etwas länger dauert. Einmal zu dicht herankommen, und schon ist die Liebe auf der Flucht.«
Sollte der mal seine Sprüche loslassen. Er wusste schon, wie es im Leben zuging.
»James, wollen Sie mich nicht an Ihrem Brummen teilhaben lassen?«

James warf die Angel in die Kiste und holte die Schnur langsam ein.
Ein Widerstand! Er musste da etwas ziemlich Kapitales erwischt haben. Der Haken saß fest. James setzte alles auf eine Karte. Mit einem Ruck riss er die Angel hoch.
Aus der Kiste drang ein furchterregendes Fauchen. James beugte sich über die Öffnung und versuchte in der Dunkelheit etwas zu erkennen, da schnellte eine Pranke durch die Öffnung. Die gewaltige Kralle erwischte seinen Frack und riss ein Stück heraus. James schnellte zurück und rutschte von der Kiste.
»James, passen Sie auf sich auf«, sagte Smooth Gentle. »Eigenliebe ist der Beginn einer lebenslangen Romanze. Und sie kann das Leben verlängern.«
»Sir, das verdammte Vieh...«
»Kommen Sie da herunter, James. Und nehmen Sie einen Schluck.«
Oscar Smooth Gentle zog einen silbernen Flachmann aus seinem Tweed-Jackett.
»Arbeit ist der Fluch der trinkenden Klassen.«
»Sir, ein Schluck kann sicher nicht schaden.«
»James, nicht die Vollkommenen sind es, die Liebe brauchen, sondern die Unvollkommenen. Ich habe Ihnen ein Angebot zu machen. Und zwar aus Freundschaft und Zuneigung.«

* * *

Mit einem Knacken gab das Schloss der Kabine nach. Finch-Meyers ließ den Generalschlüssel wieder in der Tasche verschwinden, und nachdem er ein paar Sekunden innegehalten hatte, huschte er hinein. Gut möglich, dass dieser Smooth Gentle den Anarchisten in seiner Kabine versteckte. Es gab durchaus Sympathien der Intelligenz für die Verrücktheiten dieser russischen Revolutionäre. Außerdem bestand ein eindeutiger Verdacht. Mit eigenen Augen hatte er gesehen, wie dieser Smooth Gentle ein Schweinelendchen nach dem anderen in einer Tasche unter dem Tisch hatte verschwinden lassen. Für wen diese beiseite geschafften Speisen gedacht waren, lag auf der Hand.

Finch-Meyers schaltete die Kabinenbeleuchtung ein. Rasch verschaffte er sich einen Überblick. Der Mahagoni-Sekretär vor ihm war übersät mit Papieren. Aus einigen der herumstehenden Koffer quollen Kleidungsstücke. Neben einer äußerst ausgefallenen Garderobe, aus der besonders farbenfrohe Westen hervorstachen, führte dieser Smooth Gentle zahlreiche Bücher mit sich. Auch wenn diese Kabine nicht ganz so geräumig war wie manch andere in der ersten Klasse, zeichnete sie sich durch ihre geschmackvolle Einrichtung aus. Ein weißer Rattan-Sessel, rote Bezüge über der gut gefederten Couch im Stil des Louis XVI, messingverziertes Bettgestell. Die samtene Wandbespannung zeigte eine ländliche Szene aus der Toskana: Bauer und Bäuerin unter dem Olivenbaum. Mit Weinflasche und zwei Gläsern. Auf dem Toilettentisch mit dem Spiegel befanden sich zahlreiche Cremes, Parfüms und Bürsten. Der Mann beschäftigte sich ausgiebig mit seinem Körper. Finch-Meyers untersuchte die Bürsten. Ein besonders langes Haar, das von Fürst Andrej Balgakov hätte stammen können, konnte er nicht entdecken. Dennoch, hier roch alles nach einem versteckten Anarchisten.

Der flauschige Teppich dämpfte seine Schritte. Finch-Meyers durchsuchte die Kleidung. Auch hier keine Spur, die auf eine Verbindung zwischen Smooth Gentle und Balgakov hindeutete. Kein zusätzlicher gebrauchter Pyjama, keine zweite Zahnbürste. Wenn der Russe sich hier tatsächlich aufgehal-

ten hatte, dann mussten die Männer sehr umsichtig zu Werke gegangen sein. Der samtene Morgenmantel hing ordentlich an der Garderobe. Daneben das Tweed-Jackett mit dem ausgefallenen Muster. Unter den Papieren auf dem Schreibtisch fand er einen gerade begonnenen Brief.
»Ich habe sie so satt, diese blonden Jünglinge«, stand da. Und dann wurde die »gemeinsame Zukunft in der neuen Welt« beschworen, von Verträgen »über neue Bücher«, »ein Leben in den ersten Salons und umgeben von bedeutenden Geistern der Zeit« geschwärmt. Dieser Smooth Gentle versuchte offensichtlich, einen Mann zu überzeugen, mit ihm in eine gemeinsame Zukunft zu gehen. War das Objekt der Begierde dieser Andrej Balgakov?
Ein Satz elektrisierte Finch-Meyers. Da stand wortwörtlich etwas von einer »überraschenden Wiederauferstehung«. Also doch! Dieser Oscar Smooth Gentle hatte den Anarchisten irgendwo an Bord versteckt, um ihn schließlich nach ihrer Ankunft in Amerika aus dem Hut zu zaubern. Noch einmal überflog er die Zeilen. Von einer »Wiederauferstehung, die die Welt zu Tränen rühren wird«, war die Rede. Also gut, jetzt musste er diesen Russen nur noch finden und der Kapitän würde zufrieden sein. Rasch musste es gehen, denn bei diesen Leuten wusste man nie, was sie im Schilde führten. Womöglich arbeitete er an einem Anschlag und war nur untergetaucht, um alles in Ruhe vorzubreiten. Aber nicht mit ihm!
Er tastete den Sekretär ab und drückte zufällig auf eine Perlmutverzierung. Ein kleines Geheimfach sprang auf. Finch-Meyers zog ein Blatt heraus und begann zu lesen.
»Liebe Miss Sophie, über alles geliebte Miss Sophie, in glühender und brennender Verehrung lege ich dir diese Zeile an dein wogendes Herz. Verwirrt und verwundet wage ich nicht zu hoffen, dass mein Flehen von dir erhört wird. Liebe, das

sind nur Buchstaben, aber in meinem Herzen tobt ein sengendes Feuer...« Hier brach der Brief ab.
Finch-Meyers massierte sein Ohrläppchen. Donnerwetter, dieser Smooth Gentle war von einem ganz enormen Kaliber. Der ließ seinen Zug gleich auf zwei Gleisen fahren.
Aus seiner Missionarstätigkeit war er ja einiges gewöhnt, aber was sich hier an menschlichen Untiefen auf der Titanic versammelt hatte, das schlug jedem Fass den Boden aus. Moral, Anstand, aufrichtige Gefühle, fiel denn das alles in diesem bigotten Luxusleben dem Vergessen anheim? Treue war ein Fremdwort, Ehrlichkeit zu einer Floskel verkommen. Man warb gleich um beide Geschlechter. Fehlte nur noch, dass eine Mutter ihren Sohn ehelichte. Sodom und Gomorrha. Wohin das führte, stand ja in der Bibel.
Plötzlich klopfte es an der Tür. Finch-Meyers erstarrte.
»Hallo«, sagte eine zarte Frauenstimme. Er blickte sich nach einem Versteck um, aber es war zu spät. Die Kabinentür wurde schwungvoll aufgerissen.

* * *

Miss Sophie saß in einem fliederfarbenen Sportdress auf dem Trainingsfahrrad. Ein muskulöser Sportlehrer mit Zwirbelbart hatte seine Hände um ihre Hüften gelegt.
»Und langsam drehen, immer weiter drehen.«
James fand, dass dieser Kerl eine ganz und gar lächerliche Figur abgab. Schon allein dieses Unterhemd, mit dem er seine Muskeln zur Schau stellte.
James hatte die Tür nur einen Fingerbreit geöffnet. Er schob sein Ohr nach vorn.
»Immer schön gleichmäßig drehen, und ja, und ja, und ja.«

Der Mann war ganz und gar in seinem Element. Völlig weggetreten.

»Ein wenig Bewegung soll gut tun«, stöhnte Miss Sophie und wandte sich an Kapitän Smith, der schnaufend an einer Turnstange lehnte.

»Ja, wer rastet, der rostet. Aber bist du wirklich ganz sicher, mein Werben so mit Füßen zu treten?«

Der Kapitän machte ein leidendes Gesicht. Wie vertraut sie miteinander waren! Ein Skandal. Und der Altersunterschied! Dieser Smith hätte gut und gerne ihr Vater sein können. Miss Sophie warf ihm einen abschätzenden Blick zu.

»Nun, die Jagd ist wichtig in der Liebe, aber muss es denn gleich eine Safari sein? Außerdem bin ich in eiligen Geschäften unterwegs.«

Miss Sophie trat kräftig die Pedale durch.

»Und ich bin dein Herold, Sophie, ich werde dich sicher nach New York geleiten.«

»Aber geht es nicht ein bisschen schneller, du toller Herold«, flötete sie.

»Befiehl, dass die Titanic fliegt, und sie wird fliegen.« Der Kapitän breitete die Arme aus.

»Hübsche Vorstellung. Nun brauchen wir uns nicht gleich zu echauffieren. Wie sieht denn das aus? An Land erwarten mich übrigens eilige Geschäfte.«

»Aber warum, Sophietäubchen, schlägst du meine Einladung aus? Ich fasse es nicht. Ein Candle-Light-Dinner in einem Dachgarten-Restaurant über dem Hafen von New York. Hummer Thermidor und einen Eimer Kaviar, Champagner ...«

»Und du bist sicher, dass du nicht der Verfasser dieses Briefes bist, der gestern unter meiner Kabinentür durchgeschoben wurde?«

James zuckte zusammen. Hätte er Smooth Gentle nur nie um diesen Gefallen gebeten. Aber er hatte sich ja geradezu aufgedrängt, für ihn diese Briefe zu schreiben!

»Nein, leider nicht«, sagte Kapitän Smith. »Aber ich werde mich sofort an ein leeres Blatt setzen und mein Innerstes zu Papier bringen.«

»Ich fürchte, dabei könnte es doch zu unappetitlich zugehen. Du solltest dich besser um dein Schiff kümmern. Würden wir einen Tag früher in New York einlaufen, nun, dann wäre Zeit und Gelegenheit ...«

»Gelegenheit?« Kapitän Smith strich über seinen Bart.

»Für unser Dinner zu zweit?«

Die Augen des Kapitäns bekamen einen eigentümlichen Glanz.

»Ein Versprechen, Sophie?«

»Ein eiliger Herold bekommt eine Belohnung. Wenn du es früher schaffst, nun ...«

Das also hatte sie vor. Sie hetzte den Kapitän mit ihren lüsternen Andeutungen und Versprechungen über den Atlantik. Sie wollte so schnell wie möglich das Bild von Bord und zu irgendeinem Hehler schaffen. Das hatte sie sich fein überlegt. Die Titanic läuft einen Tag früher ein, und die Kontrollen der Hafenbehörden sind in dem allgemeinen Durcheinander sicher eher oberflächlich. Auch über das Verschwinden dieses Fürsten Andrej Balgakov würden sicher erst nach einigen Tagen Nachforschungen angestellt. Miss Sophie war wirklich gerissen.

Nun, ihm war das recht. Jeder Tag früher in Amerika bedeutete einen Tag früher am Klondike, einen Tag früher am Gold.

James schlenderte zurück in seine Kabine. Zeit, sich auszuruhen. In zwei Stunden musste er das Abendessen servieren.

Auf dem Deck der dritten Klasse spielten zerlumpte Kinder mit einem Holzkreisel. Väter und Mütter saßen in derben Mänteln auf den Sitzbänken und blinzelten in die Sonne. Die Frauen hatten Tücher über den Kopf gezogen.
Darüber, im Café Parisien, plauderten Passagiere der ersten Klasse. Zwei Damen, die ihre Hüte mit Seidenschals festgebunden hatten, nippten an ihren Kaffeetassen und vertieften sich wieder in die bordeigene Zeitung. Vor ein paar Stunden hatten die Stewards sie druckfrisch an die Passagiere verteilt.
Auf dem Promenadendeck legte sich eine junge Frau in einen der Liegestühle.
Zurück in seiner Kabine, begutachtete James den Riss in seinem Frack. Keine Frage, das musste rasch in Ordnung gebracht werden. Er warf ihn über den Stuhl und öffnete seinen Koffer. Irgendwo musste er noch einen dunklen Faden haben. Und wenn der nicht zu finden war, musste eben eine Sicherheitsnadel her. Auf die war Verlass.
Sein Blick fiel auf das Innere des Kofferdeckels. Der Vorbesitzer hatte ihn zum Schutz der Kleidung mit Zeitungen beklebt. Deutlich war der Jahrgang zu erkennen. Die Zeitung stammte aus dem Jahr 1900. Dabei hatte ihm der Trödler gesagt, dass der Koffer keinesfalls älter als zwei Jahre sei. Lug und Trug, wohin man blickte.
James rieb sich die Augen. Das konnte nicht stimmen. Noch einmal blickte er auf das vergilbte Papier. Sicher, damals war er etwas jünger gewesen, aber der Mann auf dem abgebildeten Foto, das war doch zweifellos ...
In dem Artikel wurde von seinem Tod berichtet, von dem Verlust für die literarische Welt. In Paris war er angeblich gestorben und zu Grabe getragen worden. Doch wer lag wirklich in dem kühlen Grab auf dem französischen Friedhof von Bagneux? Und warum gab sich dieser Mann als tot aus,

wenn er putzmunter auf der Titanic nach Amerika reiste? Ausgerechnet diese Berühmtheit hatte er gebeten, seine Gefühle in einen Brief an Miss Sophie zu fassen. Kein Wunder, dass sie ganz außer sich geraten war.
James blickte auf den Tisch. Da fehlte doch etwas. Er spürte einen Stich im Magen. Wo um alles in der Welt war seine Pfanne?

* * *

»Haben Sie etwas gefunden?«, flüsterte Patsymoon Sterlingtree.
Finch-Meyers trat hinter der Stehlampe hervor und stieß hörbar die Luft aus.
»Wie kommen Sie in die Kabine von Oscar Smooth Gentle?«
»Nun, ich dachte mir, dass Sie hier sein müssten. Meine Spuren ...«
»Wovon um Himmels willen reden Sie?« Finch-Meyers gestikulierte in der Luft.
»Von der Schiffsküche. Ich habe da an der Kartoffelschälmaschine eine Beobachtung gemacht.«
»Ach was! Aus der Kartoffelmaschine kommen gar keine Kartoffeln, sondern frischer Kaffee.«
»Aber nein. Sie wurde unsachgemäß bedient, und außerdem fehlen Vorräte.«
»Da werden sich Mitglieder der Mannschaft den Bauch vollgeschlagen haben.«
»Besonders Fleisch verschwindet in großen Mengen. Der Koch hat bereits eine Wache vor dem Vorratslager aufgestellt. Und außerdem ...«
»Kommen Sie zur Sache, Miss Sterlingtree.«
»Es wurde in die Bordapotheke eingebrochen.«
»Und was, liebe Miss Sterlingtree, soll das alles bedeuten?

Wohin führt das? Was hat das miteinander zu tun?«

»Nun, der Fürst ist an Bord und schafft Schweinehälften beiseite...«

»...bekommt eine Magenverstimmung und beraubt die Apotheke. Fein, Miss Sterlingtree, machen Sie nur weiter. Der Fall ist bei Ihnen in den allerbesten Händen.«

Finch-Meyers bat sie, ihn allein zu lassen, damit er seine Durchsuchung abschließen könne. Miss Sterlingtree nickte irritiert und verließ die Kabine. Finch-Meyers vergewisserte sich, dass nichts auf seinen Besuch in der Kabine hindeutete. Dann glitt er hinaus und eilte den Gang hinunter. Dieser Fall wurde immer verwickelter. Smooth Gentle beschwor einen Mann, ihn zu erhören. Gleichzeitig schrieb er einen Liebesbrief an eine Frau. Es musste mit dem Verschwinden dieses Anarchisten zusammenhängen. Seine Nase trog ihn ganz sicher nicht.

Mit einem hatte diese Sterlingtree allerdings recht. Wohin verschwanden die Schweinehälften?

Aus einem der Fahrstühle stürzte ihm ein Steward entgegen.

»Mr. Finch-Meyers, der Kapitän wünscht sie zu sprechen. Es ist dringend.«

»Ich komme gleich auf die Brücke«

»Im Frachtraum, Sir. Der Kapitän befindet sich im Frachtraum. Es ist etwas passiert.«

* * *

Hielt Miss Sophie ihn zum Narren? Hatte sie ihm die Pfanne weggenommen und an diese obskure Gestalt weitergegeben? Wollte sie ihn all seiner Zukunftspläne berauben, ihn mit diesem Diebstahl gefügig machen? James duckte sich hinter ein

Lüftungsrohr. Auf dem Peildeck richtete ein Offizier den Sextanten aus. Dabei war es noch helllichter Tag. Miss Sophie winkte hinüber und tat ganz so, als unternehme sie einen Spaziergang. Die Vorstellung hieß: Töchter aus feinem Hause schnappen frische Luft. Dabei hatte ihr Ausflug sicher ein Ziel. James spürte so etwas. Sie hatte ihn mit einer Arbeit in der Kabine beschäftigen wollen. Was heckte sie aus?
Ein Junge in einem Matrosenanzug trug ein Bilderbuch über das Deck. Die Zofe platzte fast vor Stolz darüber, wie hübsch sie den Kleinen herausgeputzt hatte. Der Gesichtsausdruck, mit dem der Junge zu ihr aufblickte, kam James seltsam vertraut vor. Ja, das kannte er nur zu gut. Der Kleine fühlte sich wie das Kind einer dicken Mutter. Beschützt, sicher, und doch war es ihm ein wenig peinlich.
Auf dem Deck betrachtete ein Mann traurig den dünnen Schaum auf seinem Bierglas. Die Frau an seiner Seite wendete sich ablehnend zur Seite. Das Bier warm, die Frau kalt, auch das kam James nicht gerade unbekannt vor.
Miss Sophie schlenderte weiter über das Schiff. Vorbei am Rauchsalon der ersten Klasse und dann hinunter auf die Krankenstation.
»Ob Sie mir wohl mit einer Baldriantablette aushelfen könnten?«, fragte sie eine Schwester. Dabei blickte sie sich vorsichtig um. James konnte sich gerade noch hinter einem Arzneischrank verbergen. Die falsche Schlange ging vorsichtig zu Werke, hatte kontrollieren wollen, ob ihr jemand folgte.
Miss Sophie stieg wieder die Treppen hinauf an Deck und über die Promenade der ersten Klasse. Einige Passagiere hatten sich jetzt am frühen Nachmittag auf den Liegestühlen mit Decken eingepackt. Andere schlürften im Stehen eine heiße Suppe.
Vor der Brücke bog sie ab in das Telegraphenamt. Wie konnte er nur in Erfahrung bringen, was sie dort wollte? Die

Tür war fest verschlossen, sie unbemerkt einen Spalt zu öffnen ganz unmöglich. James schlich zurück auf den Gang und legte sein Ohr an die Scheibe. Es musste der Text ihres Telegramms sein, den ihr der Mann am Schalter da vorlas.
»... erwarte ich Ihre Preisvorstellung ... Hochachtungsvoll ...«
Was für ein Preis? Seine Pfanne hatte ein halbes Pfund gekostet. Ein stolzer Preis, ganz ohne Zweifel, aber doch kein Grund, ein Telegramm an einen potentiellen Käufer in New York zu schicken? Gott sei Dank hatte er sie in letzter Minute in Sicherheit bringen können.

* * *

Der Leichnam Oscar Smooth Gentles lag zwischen zwei Kisten. Entsetzt stellte Patsymoon Sterlingtree fest, dass seine Hose zur Hälfte heruntergezogen war. Das blanke Gesäß mit den rötlichen Härchen schimmerte matt. Finch-Meyers

drehte den Körper auf den Rücken. Das Gesicht des Toten zeigte deutliche Bissspuren. Das Hemd war zerrissen. Sicherlich die Spuren des Untiers, dass da in der Kiste vor sich hinwimmerte. Für Patsymoon Sterlingtree hörte es sich so an, als würde der Tiger singen. Das also hatte sie gehört, als sie mit Mr. Finch-Meyers den Frachtraum durchsucht hatte. Ja, wer konnte denn ahnen, dass sich ein leibhaftiger Tiger auf der Titanic befand?

»Haben Sie den Gürtel gesehen«, sagte sie zu Finch-Meyers.

»Sicher. Zweifellos geöffnet, und das kann ganz unmöglich der Tiger vollbracht haben. Selbst wenn es sich hier um eine Katze mit mythischen Fähigkeiten handelt.«

»Aber warum öffnet sich der Mann im Angesicht des Tigers die Hose?«

»Falsch gefolgert, Miss Sterlingtree. Warum öffnete Mr. Unbekannt unserem dahingegangenen Mr. Smooth Gentle die Hose?«

»Sie vermuten etwas Sexuelles? Vielleicht sollten wir Dr. Breastsucker um seine Meinung bitten?«

»Das ist zu früh«, sagte Jessup Finch-Meyers. »Aber ich würde gut verstehen, wenn Sie an die frische Luft möchten.«

Patsymoon Sterlingtree schüttelte den Kopf.

»Nicht nötig, Sir. Dieser Anblick macht mir eigentlich nichts aus.«

»Und hinter den Brettern befindet sich ein solider Gitterkäfig?«, fragte Kapitän Smith.

Der für die Ladung zuständige Offizier nickte. »So ist es Vorschrift.«

»Runter mit dem Holz. Ich will mir dieses Tier genauer ansehen. Himmelherrgott, Finch-Meyers, wofür werden Sie eigentlich bezahlt? Und warum weiß ich nichts davon, dass ich hier einen Zoo über den Atlantik schippere?«

»Ich kann nicht überall sein, Sir.«

Der Kapitän strich sich über den Bart. Patsymoon Sterlingtree war froh, das sie gegenüber dem Werben des Kapitäns standhaft geblieben war. Sie hasste diese cholerischen Wutausbrüche. Da war Jessup Finch-Meyers mit seiner sanften und bedächtigen Art und seiner dunklen Stimme doch aus einem ganz anderen Holz geschnitzt. Auch wenn er, wie wohl jeder Mann, zuweilen etwas nervös reagierte.

»Wollte dieser Smooth Gentle hier Selbstmord begehen oder was?«, herrschte der Kapitän den Detektiv an. »Meine Passagiere begehen keinen Selbstmord!«

»An Selbsttötung glaube ich keinesfalls«, sagte Finch-Meyers.

»Soso, Sie ›glauben‹?«

Finch-Meyers nickte stumm.

»Verdammte Sauerei. Schaffen Sie mir diesen Anarchisten herbei. Ich werde ihm höchstpersönlich den Arsch so aufreißen, dass er in Zukunft eine Badewanne braucht, um seine Notdurft zu verrichten.«

Der Offizier und ein Matrose entfernten die letzten Bretter der Kiste.

Der Anblick, der sich ihnen bot, war ganz unglaublich. Mr. Finch-Meyers kniff zweimal die Augen zusammen. Der Kapitän schüttelte stumm den Kopf, und auch Patsymoon Sterlingtree war sicher, dass es sich um eine Halluzination handeln musste. Nein, das konnte nun wirklich nicht sein.

* * *

Seine Mutter hatte ja so recht gehabt. Kein Tag war vergangen, an dem sie ihm nicht eingeschärft hatte: »James, in dieser Welt kannst du nur dir selbst vertrauen.«

Mit den Fingerkuppen strich er über den Rand der Pfanne. Unter ihm stampfte die Maschine ihren eintönigen Rhythmus. Nie und nimmer hätte er sich diesem Smooth Gentle anvertrauen dürfen. Seine edelsten Gefühle hatte er ihm gestanden. Und er war es gewesen, der ihm angeboten hatte, mit einem wohlformulierten Liebesbrief Miss Sophie auf das für sie schlagende Herz ganz in ihrer Nähe aufmerksam zu machen. Anonym selbstverständlich. Und dann das.
James griff zur Teekanne, in die er sich einen halben Liter Whisky gefüllt hatte. Nach all der Bedienerei und der Aufregung brauchte er einen Beruhigungsschluck.
Ja, wie sollte man sich auf einen Mann verlassen, der eigentlich gar nicht mehr am Leben war, sondern unter einem französischen Grabstein lag? Einer, der wegen Homophilie im Zuchthaus gesessen hatte und sein Geld damit verdiente, in Salons herumzuschawenzeln und unsinniges Geschwätz abzusondern. Er hatte den vergilbten Zeitungsartikel Wort für Wort studiert. Der Mann war längst tot. Konnte man für so etwas belangt werden? Und wer hatte das Abführmittel mit dem Opium vertauscht? Wenn er es genau bedachte: Eigentlich hatte er diesen Smooth Gentle gemocht. Höchst eigenwillig war er gewesen, gewiss, aber zumindest kein Langweiler. Geistreich und witzig, der Mann. Gegen den Strich gebürstet. Und dann dieses Ende. Schade.

* * *

Der Tiger saß aufrecht auf seinem Fressnapf. So, als sitze er auf einer Art Nachttopf. Aus seinem Maul hing das Stück einer Hose, die, dem auffällig karierten Muster nach, vor ein paar Stunden noch die Beine von Oscar Smooth Gentle bedeckt hatte. Finch-Meyers konnte genau erkennen, dass

der Tiger schielte. Vielleicht sogar grinste? Das Tier ruderte mit den Pranken in der Luft, als würde er ein Orchester dirigieren. Stolz blickte er um sich und steigerte sein Wimmern zu einem jaulenden Gesang.
Mit einem heftigen Rülpsen fiel er auf die Seite, wippend drückte er sich hoch und krachte gegen die Gitterstäbe. Wieder stimmte er sein Jaulen an.
Kapitän Smith rüttelte an den Gitterstäben.
»Verdammte Sauerei. Voll wie tausend Russen. Riechen sie den Alkohol, meine Herren und, äh, Damen?«
Finch-Meyers sog geräuschvoll Luft durch die Nase und schüttelte den Kopf.
»Nichts, Sir.«
»Ich bin der Kapitän dieses Schiffes. Und ich will, dass das aufhört. Verdammt noch mal, das soll aufhören. Sofort.«

* * *

Finch-Meyers musterte Patsymoon Sterlingtree. Seit ihrer ersten Begegnung hatte sie sich verändert. Es war deutlich zu merken. Sie trug zwar immer noch diese Kleider, in denen sie den Eindruck machte, als hätte sich ein Elefant in einem Zirkuszelt verlaufen, doch sie lackierte ihre Fingernägel, und auch um die Nase herum entdeckte er Puder. Ihre Augen glänzten, und wenn er sich nicht täuschte, trug sie neuerdings eine kleine Kette um den Hals. Mit einem Herzen. Die Frau begann zu leuchten.
In seiner Kabine hing ein leichter Duft nach Moschus.
»Wollen mal sehen, was wir haben«, sagte er.
»Eine Leiche, Sir.«
»Das will ich meinen. Und in eindeutiger Lage.«
»Ein Sexualdelikt«, sagte Patsymoon Sterlingtree.

»Möglich, aber ich glaube, wir werden da auf eine falsche Fährte gesetzt. Dieser Anarchist will uns das glauben machen.«

»Sie halten diesen Andrej Balgakov für den Mörder?«

»Ja und nein.«

Patsymoon Sterlingtree hing an seinen Lippen. Ihr Mund war leicht geöffnet.

»Ja und nein«, wiederholte sie und nickte. Wie klug er war.

»Ich habe da zweideutige Briefe in der Kabine von Mr. Smooth Gentle entdeckt. Es könnte sich also durchaus auch um eine Beziehungstat handeln.«

»Verschmähte Liebe?«, fragte Miss Sterlingtree. »Er ist in den Anarchisten verliebt, zieht sich die Hose herunter, es kommt zum Handgemenge.«

»Unter mangelnder Phantasie leiden Sie nicht, Miss Sterlingtree. Fest steht, dieser Anarchist hatte ganz ohne Zweifel Unterstützung. Jemand ganz Unscheinbares.«

»Einer, auf den unser Verdacht nie fallen würde?«

»Ein Phantom«, sagte Jessup Finch-Meyers und zwirbelte ein Nasenhaar.

»Aber, warum musste Mr. Smooth Gentle sterben?«

»Nun, die Beziehungstat ist das eine, und zusätzlich unterschrieb er sein Todesurteil, weil er im Begriff war, etwas auszuplaudern. Vielleicht das Versteck dieses Russen oder seinen Plan?«

»Plan?«

»Anarchisten haben immer einen Plan. Das macht sie ja gerade zu Anarchisten. Sind mit nichts zufrieden, diese Leute.«

»Sie machen einen Plan und ...«

»Also, Miss Sterlingtree, mit wem könnte sich dieser unappetitliche Zeitgenosse verbünden?«

Patsymoon Sterlingtree zuckte die Achseln.

»Die Anarchisten halten es mit den Geknechteten und Unterdrückten. Vielleicht hat er bei den Heizern Zuflucht gesucht. Unten bei den Kesseln.«

»Interessante Idee«, sagte Finch-Meyers. »Passt aber nicht. Ist eine ganz andere Welt, diese Kohlenhölle da unten. So einer fällt auf, wenn er ans Tageslicht kommt. Es muss jemand aus unserer Mitte sein.«

»Und wie passt der Tiger dazu?«

»Sehen Sie, der muss schließlich gefüttert werden.«

»Vielleicht will der Anarchist das Tier auf die Passagiere hetzen und den Kapitän damit erpressen.«

»Denkbar«, sagte Jessup Finch-Meyers. Einen ganz ähnlichen Fall hatte er in seiner Mission in der Nähe von Kalkutta erlebt. Da ging es um einen angeblich wilden Elefanten, den man mit einer großen Portion gepfefferter Feigen zur Raserei gebracht hatte.

»Also, diese Raubkatze hat sich äußerst merkwürdig verhalten. Ich kann mir gut vorstellen, dass sie ein paar Pakete von dem Opium im Bauch hatte, das bei dem Einbruch in die Schiffsapotheke entwendet wurde.«

»Deshalb also dieser herzergreifende Singsang?«, fragte Miss Sterlingtree.

An der Tür war ein kaum wahrnehmbares Kratzen zu hören. Finch-Meyers legte einen Finger auf die Lippen. Patsymoon Sterlingtree griff zur ihrer Handtasche und wühlte darin herum. Mit einem Satz war Finch-Meyers an der Kabinentür und riss sie auf.

Der Gang war leer. Litt er jetzt schon an Halluzinationen? Als er die Tür schloss, entdeckte er auf dem Boden einen Zeitungsartikel und dazu einen Zettel.

Miss Sterlingtree richtete mit aufgerissenem Mund eine Pistole auf ihn.

»Wo um Himmels willen haben Sie dieses Ding denn her?«

»Nur zu unserer Verteidigung, Sir.«

Jessup Finch-Meyers schüttelte den Kopf und zog seine Brille aus der Jackentasche.

»Wollen mal sehen, was wir hier haben.«

Er überflog den Artikel und die beigefügten Zeilen. Plötzlich stieß er einen Pfiff aus.

»Eine unerwartete Wendung. Ganz unglaublich.«

* * *

»James, nach dem Essen wäre ich für eine kurze Unterredung in meiner Suite dankbar. Ich würde gern die Einzelheiten zu meiner kleinen Geburtstagsparty vom 14. auf den 15. besprechen.«

»Das Feuerwerk steht bereit«, grummelte James.

»Bitte?«

»Geburtstag, sehr wohl, Mylady.«

Eitel bis unter die ondulierten Haare. Sie liebte dieses »Mylady«. Dabei war sie nur eine Miss. Verarmter Landadel mit Hang zu Höherem. Nein, falsch, mit Sinn für Geld. Wer wusste schon, ob überhaupt ein Tropfen blaues Blut in ihren Adern pulste. James tippte da eher auf eine Eisbahn, die sich ihre Venen und Adern entlangziehen musste. Nun, er hatte sich entscheiden müssen. Sosehr er sich auch eine Zukunft mit ihr vorstellen konnte, er durfte nicht gestatten, dass sein Leben unter das Joch von Habgier und kalter blauer Berechnung geriet. Trotzdem, in einigen stillen Momenten fühlte er sich ihr so nah. Immer wenn sie ihre eisige Maske ablegte und ihm zulächelte, für einen Augenblick ihr Herz öffnete. Unvergessliche Augenblicke waren das, und an jeden einzelnen konnte er sich erinnern. Aber schon im nächsten Augenblick breitete sich wieder dieses überhebliche Lächeln auf ihrem Gesicht aus. Machte sie sich über ihn lustig?

Wer anders als Miss Sophie konnte das Opium mit dem Abführmittel vertauscht haben? Was für ein Spiel spielte sie da?

Die gefüllten Eierkürbisse standen bereits auf dem Servierwagen. Im großen Saal überprüften die Oberkellner noch einmal die korrekte Anordnung des Geschirrs. Die Geigen der Kapelle stimmten ein Thema aus »Tannhäuser« an. Wagner zum Hühnchen Lyonnaise. James ließ sich auf einen Stuhl fallen.

Wo gehörte er eigentlich hin? Eine Kabine, nein, eine erbärmliche Schlafkoje, die direkt über der Dampfturbine lag. Dazu eine Herrschaft, die sich aus nackter Gier auf undurchsichtige Geschäfte einließ und seine Arbeitskraft in einem Tauschgeschäft verhökerte. Und dann auch noch Opfer eines sexsüchtigen und eigentlich längst verschiedenen irischen Dichters wurde. Da saß er nun, mitten im Speisesaal der ersten Klasse und doch in eine Nische gerückt, weil sich jeder hier an Bord dieser Tischgesellschaft schämte. Mitten in der feinen Gesellschaft und doch ein Aussätziger. Und weit in der Ferne, der Klondike.

Wenn er nur daran dachte, wie er in allerletzter Minute seine Goldwäscherpfanne vor ihrer Entehrung hatte retten können, nicht auszudenken, wenn ... Wieder und wieder hatte er sie geputzt, um auch die letzte Erinnerung an die gerade noch verhinderte Schmach zu tilgen.

James schlurfte in die Küche. Einer der Küchenchefs schickte ihm eine Küchenhilfe, die ihn unterstützen sollte, die Speisen auf der frei gehaltenen Anrichte zusammenzustellen.

Durch die Küche hallten Kommandos. Ein Arbeitstrupp in blauen Uniformen tauchte das dreckige Geschirr in riesige Bottiche mit Spülwasser. Gleich nebenan putzten vier Männer und zwei Frauen in grünen Kitteln das Gemüse. Immer wieder untersuchte ein Koch die Mohrrüben, den Kohl oder die Erbsen auf makellose Sauberkeit.

Als James seinen Servierwagen zurück in den Speisesaal schob, war Miss Sophies verbliebene Tischgesellschaft bereits versammelt. Sie lief wieder einmal zu Höchstform auf.

»Ah, Dr. Breastsucker, einer der letzten zivilisatorischen Lichtblicke an unserem sich leerenden Tisch.«

»Miss Sophie, es wäre mir eine Genugtuung, wenn es mir gelänge, Ihre Sorgenfalten ein wenig zu glätten.«

»Nun, dafür habe ich meine Oliven-Nachtcreme«, sagte Miss Sophie. »Aber ist es nicht entsetzlich, was hier an Bord passiert? Gedungene Mörder, obszön drapierte Leichen, kurz Glut und Leidenschaft, die sich in brachialen Mordtaten entlädt.«

»Aber, Miss Sophie, ist das nicht eine Nuance übertrieben?« Kapitän Smith blickte sie flehend an. Etwas Liebeskrankes war in seinem Blick. Und warum nannte er sie jetzt wieder Miss Sophie statt Sophie-Täubchen? Wozu dieses Versteckspiel? Was hatten sie zu verbergen? James widmete sich den Filets Mignon Lili.
Kapitän Edward J. Smith faltete seine Serviette neu zusammen. Kein Zweifel, der Mann war nervös.
Theatralisch hob Miss Sophie die Arme.
»Lachen, Tränen, Vorhang.«
Bei »Vorhang« klatschte sie in die Hände und schloss die Augen. Sie neigte leicht den Kopf, geradeso wie eine Schauspielerin, die sich beim Publikum für den Applaus bedankt.
»Eine Verkettung tragischer Umstände«, sagte Dr. Breastsucker. »Aber es wird wohl niemandem gelingen, zur Gänze in die Untiefen der menschlichen Seele zu leuchten.«
»Sicherlich sowieso kein schöner Anblick«, warf der Kapitän ein. Miss Sophie nickte: »Auch unser geistreicher Mr. Smooth Gentle zeichnete sich in seiner letzten Minute durch eine nicht zu leugnende Uneleganz aus. Meinen Sie nicht auch?«
»Nun, es deutet alles auf eine sexuelle Praktik, die ...«
»Dr. Breastsucker, wir sind beim Essen!«
»Bitte, verzeihen Sie, Miss Sophie.«
James blickte suchend durch den Saal. Gab es denn niemand, der hier einschritt und diesem vergifteten Gerede ein Ende machte? Die Gäste im Saal hatten sich in Schale geworfen. Die Frauen trugen in der Mehrzahl Satin- oder Seidenroben. Überall glitzerten Brillanten. Die meisten Herren geleiteten ihre Tischdamen im Frack an die mit blassroten Rosen und weißen Gänseblümchen dekorierten Arrangements. Die Ober nebenan servierten gerade die ägyptischen Wachteln.
Auch dieser Junge aus der Hafenspelunke saß inmitten einer

vornehmen Tischgesellschaft. Die rothaarige junge Dame machte ihm schöne Augen, ihr Busen bebte. Ihr Tischnachbar allerdings schien, seinen missfallenden Blicken nach, damit gar nicht einverstanden zu sein. Auch die übrige Gesellschaft machte durch ihre Haltung deutlich, dass der junge Mann dort nichts zu suchen hatte. Dem ging es so wie ihm.

Wie kam dieser abgerissene Junge an diesen feinen Zwirn? Und wie in den Speisesaal der ersten Klasse? War er vielleicht ein ...? James wischte sich den Schweiß von der Stirn. Diese Geheimagenten verstanden ihr Handwerk. Womöglich nur Tarnung, um Miss Sophie und die bizarre Gesellschaft, die sie um sich geschart hatte, besser im Auge behalten zu können. Vielleicht hatten sich einige der Agenten aber auch als Musiker verkleidet. Spielten sie deshalb immer die gleichen Stücke? James glaubte eine Puccini-Melodie herauszuhören.

»Oh, Mr. Finch-Meyers und Miss Sterlingtree!« Miss Sophies Stimme war unnatürlich hell.

»Wie schön, dass Sie den Weg zu uns gefunden haben und uns helfen, den bedauerlichen Verlust in unserer kleinen illustren Runde aufzufüllen. Ist es nicht schrecklich, was Mr. Smooth Gentle zugestoßen ist?«

»Sagen Sie, Miss Sophie, woher wussten Sie, dass Mr. Smooth Gentle eine, wie Sie sagen, illustre Person war?«

»Aber Mr. Finch-Meyers, wie ...«

Der Kapitän schlug mit einer Gabel gegen sein Sherryglas.

»Meine Damen und Herren, es ist Zeit für eine Enthüllung. Ich muss Sie ins Bild setzen.«

Dr. Breastsucker ließ sein Besteck sinken. Kapitän Smith räusperte sich.

»Nun, auch unser teurer Finch-Meyers und seine reizende Assistentin Miss Sterlingtree sind für die Sicherheit an Bord der Titanic zuständig. Incognito, sozusagen. Als Borddetektive.«
Miss Sophie stieß hörbar die Luft aus. Kapitän Smith blickte sie entschuldigend an.
»Ich hoffe, das klingt nicht zu dramatisch. Aufgrund trauriger Umstände ermitteln sie nun im Falle des Todes von Mr. Smooth Gentle.«
»Donnerwetter«, sagte Miss Sophie. » Wir haben Pinkertons an Bord.«
»Sie sind kein Priester?«, fragte Dr. Breastsucker.
»Nun ...«, hob der Kapitän an, doch Finch-Meyers unterbrach ihn.
»Wir untersuchen den bedauerlichen Tod von ... ja, wer war eigentlich Mr. Smooth Gentle?«
Miss Sophie klatschte in die Hände.
»Ein Ratespiel, wie wunderbar.«
Plötzlich wich alle Farbe aus dem Gesicht von Dr. Breastsucker. Er sprang von seinem Stuhl. Mit weit aufgerissenen Augen breitete er die Arme aus, wollte vorstürzen, kam aber nicht vom Fleck.
»Professor, also ...«
Mit einem Buch vor dem Gesicht schritt der österreichische Gelehrte Sigmund Freud durch den Speisesaal. Die Augen auf die Zeilen gerichtet, versuchte er sich mit ausgestrecktem Arm einen Weg zu ertasten. Geradeso wie ein Wanderer, der unversehens in eine Nebelbank geraten war.
»Um Himmels willen, er löst wieder einen Fall«, sagte Dr. Breastsucker.
»Ich dachte immer, das wird auf einer veritablen Couch erledigt?«, erwiderte Miss Sophie. »Neue Moden aus Wien?«

»Er löst einen Kriminalfall«, erläuterte Dr. Breastsucker.
Mr. Finch-Meyers blickte den Kapitän an, der ratlos den Kopf schüttelte.
»Ich muss ihn irgendwie in seine Kabine dirigieren«, sagte Dr. Breastsucker. »Vielleicht sollte ich die Kriminalromane verschwinden lassen. Es ist wohl mehr als eine Leidenschaft.«
Breastsucker entschuldigte sich und eilte zum Professor, der mit seiner Lektüre in eine andere Welt eingetaucht schien. Für einen Augenblick sah er von den Seiten auf, nahm Breast-

sucker wahr und nickte ihm freundlich zu. Dann vertiefte er sich wieder in sein Buch und ließ sich lesend von seinem Assistenten aus dem Speisesaal führen.

Jessup Finch-Meyers zog den Zeitungsartikel aus seinem Jackett und donnerte ihn auf den Tisch.

Miss Sophie blickte ihn spöttisch an. »Was für eine Demonstration animalischer Kraft«, sagte sie.

»Was für eine Demonstration hinterlistiger Mordlust«, sagte Finch-Meyers.

»Und haben Sie zufällig etwas Aufregendes da unten im Frachtraum entdeckt?«

Finch-Meyers zog die Augenbrauen in die Höhe.

»Wie meinen, Miss Sophie?«

»Ich vermisse eine Kiste mit einem Bild. Leider nur eine Kopie, aber eben ein mir ans Herz gewachsenes Erinnerungsstück. Eine wunderbare kleine Arbeit. Sie ist Ihnen nicht zufällig begegnet?«

»Vielleicht versuchen Sie es im Schiffs-Fundbüro. Um die flache Holzkiste, die im Tigerkäfig liegt, dürfte es sich wohl nicht handeln, oder?«

Miss Sophie zuckte gleichgültig die Achseln. Gerissenes Luder.

»Wie dem auch sei, es dürfte mit einigen Schwierigkeiten verbunden sein, das zu überprüfen. Zurück zu diesem Fall.«

Finch-Meyers deutete auf das vor ihm liegende Stück Papier.

»Wie dieser etwas angegilbte und mir zugespielte Zeitungsartikel beweist, handelt es sich, o Verzeihung, handelte es sich bei Mr. Smooth Gentle um niemand Geringeren als ... James?«

»Ja, Sir?«

James stellte erschreckt die Sauciere auf den Servierwagen.

»Interessiert Sie das gar nicht?«
»Ungemein, Sir.«

* * *

Es schien Patsymoon Sterlingtree, als sei sie nicht nur unendlich viele Treppen hinabgestiegen, sondern auf wunderliche Weise ganz tief unten in der glutheißen Hölle im Mittelpunkt der Erde angelangt. Rußgeschwärzte Männer mit nacktem Oberkörper schoben Loren mit Kohlen vor die Kessel und schütteten sie aus. Andere öffneten gusseiserne Luken und schaufelten die Kohlestücke hinein. Immer wenn eine dieser Klappen geöffnet wurde, schlug ihr ein sengender Hitzeschwall entgegen. Sie tupfte sich mit dem Taschentuch den Schweiß von der Stirn. Das Tuch war schwarz.
Ein Mann pfiff ihr nach.
»Na, Süße, wollen wir uns heute Abend im Café Parisien verabreden?«
»Sir, ich glaube ...«
»Ich bestelle die Kutsche für acht Uhr«, sagte der Mann. Andere Männer entblößten die Zähne, die in ihren schwarzen Gesichtern weiß leuchteten.
Wie sollte sie unter diesen halbnackten Männern Fürst Andrej Balgakov finden? Das Stampfen der Schiffsmaschinen dröhnte in ihren Ohren. Die Luft schmeckte nach Asche, ihre Zunge fühlte sich pelzig an.
»Alle Kessel mit ausreichend Druck?«, fragte ein Mann, der im Unterschied zu den anderen ein Hemd trug.
»Aye, Sir.«
»Verdammte Schinderei, weiß gar nicht, warum der Alte plötzlich nach Amerika fliegen will. Hey, Lady, was machen Sie hier unten?«
»Ich, Sir?«

»Ja, Prinzessin, Sie haben sich verlaufen. Oder wollen Sie sich mit Kohlestaub die Nase pudern?«

»Ich suche einen Freund.«

»Wer soll das sein?«

Die sie umstehenden Männer hoben stumm ihre rechte Hand.

»Ein Mann mit langen Haaren und in Lederjacke, mit großen Stiefeln und . . .«

Der Vorarbeiter zuckte mit den Schultern.

»Keine Ahnung. Hier unten sehen alle nach kurzer Zeit gleich aus.«

»Vielleicht gibt es einen Platz, an dem er sich versteckt haben könnte?«

»Was um Himmels willen haben Sie getan, dass er sich ausgerechnet hier verstecken würde?«

»Vielleicht ein Heiratsantrag?«, sagte einer der Heizer. Einige Männer, die auf ihre Schaufeln gestützt neugierig die Szene beobachteten, lachten brüllend auf.

Patsymoon Sterlingtree deutete auf den Eingang zum Kohlenbunker.

»Da drin vielleicht?«

»Suchen Sie einen Mann oder einen Maulwurf?«

Der Vorarbeiter bedeutete ihr, ihm zu folgen. Vor einem der Kessel machte er Halt. Mit seiner Schaufel löste er den Riegel und drückte die Tür auf. Die Hitze raubte ihr fast die Luft zum Atmen, brachte ihr Gesicht zum Glühen. Sie roch versengte Haare.

»Vielleicht hat er sich da versteckt, aber dann wird es nichts mehr mit der Heirat. Vielleicht könnten Sie ein wenig Zeit für mich erübrigen?«

Direkt neben der Ofenklappe entdeckte sie eine eiserne Bank, auf der die Schaufeln mit Eisenhämmern notdürf-

tig ausgebessert wurden. Mitten aus einem Haufen ölverschmierter Lappen ragte ein Paar Stiefel. Sie erkannte sie sofort.

* * *

»Und zu meiner Geburtstagsfeier hätte ich gern ein dezentes Blumenarrangement für mein lindgrünes Satinkleid.«

»Sehr wohl, Miss Sophie.«
Wo sollte er denn das nun wieder herbekommen? War er der liebe Gott? In diesem bordeigenen Gewächshaus standen sicher nur halbverwelkte Lilien.
Miss Sophie hatte den Schrankkoffer offen gelassen. Die Schublade, in der sie ihre Unterwäsche verstaute, war halb herausgezogen. Sicher kein Zufall. Miss Sophie überließ nichts dem Zufall. Erwartete sie vielleicht diesen dem Spiel seiner Triebe willenlos ausgelieferten Kapitän? Sie glaubte ja immer noch, dass sie als erste an dieses ominöse Bild im Tigerkäfig herankam. Deshalb kümmerte sie sich auch so mütterlich um dieses Ungeheuer. Notfalls würde sie sicher den New Yorker Hafenarbeitern ein paar Geldscheine zustecken und mit ihrer Hilfe das Bild aus dem Käfig fischen. Mylady durfte man nicht unterschätzen. Wer wusste schon, welche Trümpfe sie noch aus dem Ärmel zog?
Miss Sophie war im Ankleidezimmer beschäftigt. James ließ sich auf einen Sessel fallen und streckte die Füße aus. Bei all dieser Ackerei hätte er ja gleich als Matrose anheuern können. Allein diese nicht enden wollenden Schwierigkeiten. Warum ließ man ihn nicht in aller Ruhe seine Arbeit machen? Und dann dieser Möchtegern-Anarchist. Keiner weinte dem eine Träne nach. Der Mann hatte sein Schicksal selbst heraufbeschworen. Die Titanic zurück auf Kurs nach England zwingen! Nur, weil er verliebt war. Da konnte ja jeder kommen. Einmal Brasilien bitte und vorher noch einen Abstecher nach Sansibar. So etwas ging doch nicht. Fahrpläne mussten eingehalten werden. Der Bus nach Oxford fuhr ja auch nicht auf einen Abstecher zum Tower. Eigentlich konnte ihm die White Star Line dankbar sein, dass er geholfen hatte, dieses Problem aus der Welt zu schaffen. Dabei wusste er noch immer nicht mit absoluter Sicherheit, wer in diesem für Fürst

Balgakov entscheidenden Moment, der über Leben und Tod entschied, die Kartoffelschälmaschine in Gang gesetzt hatte. Unzweifelhaft hatte es in der Küche nach Lavendel geduftet. Und Lavendel...

Und dann dieser Smooth Gentle. Er selbst hatte den Geheimdetektiv und seine unbedarfte Assistentin erst darauf bringen müssen, um was für einen windigen Burschen es sich da handelte. Außerdem konnte man ihn für diese tragischen Ereignisse nicht verantwortlich machen. Der Mann war längst tot. Das musste selbst dieser Finch-Meyers einsehen. Doch der Mann schnüffelte einfach weiter. Verstieg sich in verwegene Ideen, redete von Mordkomplott und einem Geheimnis um diesen Tiger. Himmel, den musste er ja auch noch füttern!

Aber bei Licht betrachtet, war der Plan dieses Smooth Gentle gar nicht so übel gewesen. Und er hatte seinen Beitrag geleistet. In der Bordapotheke hatte er jede Menge Abführmittel besorgt. Und auch gleich noch ein paar Päckchen von einem anderen Zeug mitgenommen, das dort herumlag.

Die Idee war bestechend. Den Tiger mit Abführmitteln vollstopfen, und wenn der große Durchfall kommt, rasch hinein in den Käfig und das Bild herausholen. Sicher, dass Smooth Gentle ihn, James, erpresst hatte und Miss Sophie darüber informieren wollte, dass er den Liebesbrief in seinem Auftrag geschrieben hatte, nein, das war nicht gerade gentlemanlike gewesen. Und dann seine unsittlichen Anträge! Konnte man ihn denn nicht in Ruhe lassen?

Vielleicht hatte Miss Sophie etwas von diesem Alleingang mitbekommen. War das der Grund, warum sie die Mittel vertauscht und damit diese fatalen Ereignisse in Gang gesetzt hatte?

Alles hätte er, James, geduldig ertragen, nur...

James dachte an seine Pfanne. Nein, das Bild, das sich da in seinem Kopf eingebrannt hatte, war zu abstoßend. Böse.
Jedenfalls drückte sich Smooth Gentle aus heiterem Himmel den Bauch und griff hinter eine Kiste. Plötzlich hielt er seine Pfanne in der Hand, zog sich die Hose herunter und hockte sich darüber. Ekelhaft. Ganz und gar entwürdigend. Seine Pfanne, seine Zukunft, von einem lästernden und versnobten Dichter zuge... Nein, das durfte nicht sein.
Angeblich hatte er sich die Pfanne nur ausgeliehen, um damit den Tiger in Schach zu halten. Was war nur im Kopf dieses Mannes vorgegangen? Sicher, er hatte ihm das gute Stück über den Schädel geschlagen, aber zum Käfig mit dem Tiger war er aus eigenen Stücken getorkelt. War halt Pech, dass der völlig außer Rand und Band geratene Tiger ihn erwischt und den Unglücklichen trotz seiner Körperfülle durch die Gitterstäbe gezogen und wieder herausgedrückt hatte.
Nein, so hatte er diese Raubkatze noch nicht erlebt. Da konnte man mal sehen, welch schädliche Wirkung diese Rauschmittel selbst auf Tiere ausübten. Ja, der Tiger hatte noch mehr gerast als damals der Löwe im Zoo, dem er als Kind zwei lebendige Meerschweinchen in den Käfig geworfen hatte. Anschließend hatte er einen Aufsatz darüber schreiben wollen. Er erinnerte sich noch genau an das Gekreische der Mütter, die sich mühten, ihre brüllenden Kinder zu beruhigen. Aber in der freien Wildbahn kam so etwas schließlich auch vor. Meerschweinchen gegen Löwe, klar, dass der Löwe gewinnt. Bis heute war es für ihn ein Rätsel, warum der Zoo-Direktor ihm lebenslanges Hausverbot erteilt hatte.
Nein, auch bei dieser Verkettung unglücklicher Umstände durfte er sich nicht verrückt machen lassen. Die Titanic fuhr nach Amerika, und die beiden Herren Balgakov und Smooth

Gentle waren eben vom Kurs abgekommen. Auf einer anderen Route aus dem Leben gesegelt. So musste man das sehen. James strich über den knisternden Stoff des Chiffonkleides.
Energisch wurde an die Kabinentür gepocht. James sprang in die Höhe.
»Sophie, es tut mir leid, aber...«, sagte der Kapitän durch die geschlossene Tür. »Würdest du bitte öffnen?«
Miss Sophie stürzte aus ihrem Ankleidezimmer. Hektische Flecken breiteten sich auf ihrem Gesicht aus. Auch der Turban, den sie sich aus einem Handtuch über den Kopf gedreht hatte, kam ins Rutschen.
Der Kapitän stand vor der Tür. Hinter ihm dieser Bordschnüffler Finch-Meyers.
Miss Sophie korrigierte ihren Turban. »Geht das Schiff unter oder handelt es sich um etwas Wichtiges?«
James glaubte ein leichtes Zittern zu bemerken. Ihr Blick schwankte zwischen Angst und wilder Entschlossenheit. Ein wenig erinnerte ihn das an den Tiger. Fühlte sie sich in die Enge getrieben?
»Nun, Sophie...«
Der Kapitän starrte auf die offene Schublade mit Miss Sophies Miedern. Sie bemerkte seinen Blick und stieß die Schrankkoffer-Schublade mit einem Fußtritt zu.
»Ich hoffe, ich höre eine Erklärung für dieses rüde Auftreten?«
James öffnete eine Hutschachtel und stopfte zwei Bänder hinein.
»Nun, Sophie-Täubchen, es tut mir leid, außerordentlich leid, dass ich dich behelligen muss, aber der Mann steht nun mal in deinen Diensten.«
»In meinen...«
Hörte James da Erleichterung in ihrer Stimme?
Über ihr Gesicht huschte ein Lächeln.

»James?«, sagte sie noch einmal. Ihr Tonfall war gespielt überrascht. »Hat er sich an den Kartoffeln vergriffen?«
»Warum reden alle dauernd über Kartoffeln?«, entgegnete der Kapitän. »Diese Miss Sterlingtree ist ganz vernarrt... Aber zur Sache. Unser Mr. Finch-Meyers hier ist überzeugt, dass James bis zu einem gewissen Grade mit dem Anarchisten Andrej Balgakov, der sich versteckt hält, konspiriert.«
»Und jetzt wollen Sie wohl meine Suite durchsuchen?«
Mr. Finch-Meyers räusperte sich. »Nein, das wird nicht nötig sein, obschon wir auf einer Durchsuchung der Kabine von James bestehen müssen.«
»Müssen Sie das?«
»Ich fürchte, es ist unumgänglich.«
»James hat sicher nichts dagegen einzuwenden, nicht wahr, James?«
»Sehr wohl, Miss Sophie.«
Sollten sie doch durchsuchen, was sie wollten. Aber was suchten sie eigentlich?
Miss Sophie tat so, als ginge es gleich in die großen Ferien. Sie klatschte in die Hände.
»Nun denn, auf zu einer Reise in die Tiefen des Schiffes, auf zu den unteren Klassen. Wie wunderbar, eine Expedition. Sie entschuldigen mich, meine Herren, auf diese ethnologischen Studien muss ich mich vorbereiten.«
Miss Sophie rauschte in ihr Ankleidezimmer. Dass mit diesen »etolologischen Studien« musste er mal im Wörterbuch nachschlagen. Sicher wieder eine ihrer Gemeinheiten.
»Wann haben Sie den Fürsten zum letzten Mal gesehen?«, fragte Finch-Meyers.
»Beim Abendessen«, sagte James.
Miss Sophie steckte den Kopf durch die Tür.
»O nein, James, ich habe Sie doch noch an der Schiffsbar mit

Fürst Balgakov flüstern und einen zwitschern sehen. Erinnern Sie sich an diese unschöne Situation?«
Warum riss sie ihn so rein? Konnte sie keine Ruhe geben? Sie hatte doch selbst genug Dreck am Stecken.
»Es gibt Indizien, dass sie mit diesem Mann zusammenarbeiten«, sagte Finch-Meyers.
»So?«, fragte James und versuchte, Erstaunen zu heucheln.
»Nur Sie können ihn mit den nötigen Informationen versorgt haben, die zum Tode des bedauernswerten Mr. Oscar Smooth Gentle führten. Ich denke da an eine gemeinschaftliche Erpressung.«
James zuckte die Achseln. Am besten, er schwieg. Schließlich hatte er seine Pfanne sorgfältig geputzt. Blutspritzer waren darauf nicht zu finden. Aber warum entwickelte Miss Sophie diesen unglaublichen Ehrgeiz, ihn wortwörtlich in die Pfanne zu hauen? War sie immer noch wütend, weil er, James, mit Smooth Gentle zusammen die Initiative ergriffen hatte? Oder wollte sie ihn ans Messer liefern, um Fragen nach dem umgelegten Schalter der Kartoffelschälmaschine zu vermeiden?
Aber es gab schließlich keine Beweise. Die Stiefel waren zweifellos längst in einem der Kesselfeuer gelandet und alles andere, nun ja.
Finch-Meyers zupfte an seinem Ohrläppchen.
»Allerdings bin ich mir über die Motivlage noch nicht im Klaren. Ich vermute, dieser Anarchist hat versucht, Mr. Smooth Gentle zu erpressen. Schließlich reiste er mit einer falschen Identität. Aber welche Rolle spielt dieser Tiger, für dessen Wohlergehen nun die gute Miss Sophie sorgt? Wurde er gar als Tatwaffe missbraucht?«
Welch bahnbrechende Erkenntnis! Schließlich hatte er, James, höchstpersönlich dem Borddetektiv diesen Zeitungsartikel unter der Tür durchgeschoben.

»James, neben dem Artikel befindet sich eine handschriftliche Notiz, die nach erstem, aber sicherem Augenschein mit Ihrer Handschrift identisch ist. ›Sehn Sie mahl‹, ist dort zu lesen. Bemerkenswert die schwache, gut gemeinte Orthographie. Wollten Sie damit den armen Smooth Gentle erpressen?«
James schüttelte den Kopf. Dieser Borddetektiv war ja gemeingefährlich.
»Auf in die dritte Klasse. James?«
Miss Sophie warf sich einen Umhang über die Schultern. Am Arm trug sie ihre Handtasche, in der Hand hielt sie eine kleine Petroleumlampe. Die Handtasche war ungewöhnlich prall gefüllt. Was führte sie im Schilde?
»Oder wollen Sie vorher noch eine Leibesvisitation an mir vornehmen?«, flötete Miss Sophie, an den Kapitän gewandt.
»Liebend gern«, sagte Kapitän Smith. »Aber ich fürchte, das wird nicht nötig sein.«

* * *

Miss Sterlingtree öffnete die Tür zur Kabine von Jessup Finch-Meyers. Sicher war auch ohne seine Anwesenheit und besonders angesichts dieser ungewöhnlichen Umstände der Zutritt erlaubt. Der Raum war ja ohnehin inzwischen eine Art Besprechungszimmer, eine Zentrale ihrer gemeinsamen Ermittlungen. Sie stellte Balgakovs Schuhe vor den Tisch und schrieb eine Nachricht.
»Er lebt, und ich weiß, wo er sich befindet. Patsy.«
Nun musste ihr der Chef gebührende Anerkennung zollen. Sie hatte das schwerste Stück Arbeit geleistet und den Verbleib dieses Fürsten aufgeklärt. Alles, was jetzt folgte, war doch ein Kinderspiel. Über kurz oder lang musste der Mann auftauchen.

Sie spazierte über das Deck der ersten Klasse. Rabenschwarz lag die Nacht über der Titanic. Unaufhaltsam fuhr das Schiff ins Dunkle. Der bedeckte Himmel riss auf und ein paar Mondstrahlen erleuchteten das Schiff. Einige Wolken schoben sich vor den ruhigen Erdbegleiter da oben, und für Augenblicke schien es ihr, als sei auch sie selbst in dieser Dunkelheit verschwunden, ja, vielleicht nie vorhanden gewesen. Kühl war es. Wenn doch jetzt Mr. Finch-Meyers aus der Dunkelheit an ihre Seite träte und seinen Arm wärmend um ihren Körper legte. Aber der war ja für menschliche Gefühle blind. Trotzdem, er würde schon merken, dass sie alles andere als eine dumme Pute war.

* * *

»Und was hat es mit dieser Blechpfanne auf sich?«, fragte Finch-Meyers.
»Sie gehörte meiner Mutter.«
James riss dem Borddetektiv die Pfanne aus der Hand.
»James, verschonen Sie uns bitte mit den Einzelheiten Ihrer zweifellos traurigen Familiengeschichte«, sagte Miss Sophie.
Kapitän Smith und Mr. Finch-Meyers tuschelten miteinander. Miss Sophie machte sich an seinem Bett zu schaffen. Und auch ihr Handtäschchen litt mit einem Mal an Magersucht. Wurde ihm hier eine Falle gestellt? James sah sich in Ketten die Gangway hinuntersteigen. Der erste Schritt auf den Kontinent der Freiheit und dann als Gefangener? Kurzen Prozess würden die Behörden machen und ihn womöglich gar nicht ins Land lassen. Aber was wollte dieser Finch-Meyers denn eigentlich von ihm? Es war doch alles eine Verkettung unglückseliger Umstände. Nicht mehr.
Kapitän Smith klopfte gegen den Spiegel, als vermute er dahinter einen Hohlraum. Finch-Meyers zupfte mit spitzen Fingern einige von James' Kleidungsstücken aus dem Koffer. Er hockte sich auf alle viere und suchte unter dem Bett.
Plötzlich stieß der Detektiv einen Pfiff aus.
»Donnerwetter! Was haben wir denn da?«
Auch der Kapitän ging auf die Knie.
»Um Gottes willen«, sagte er.
Finch-Meyers richtete sich langsam wieder auf. »Bitte verlassen Sie geordnet und ohne Panik die Kabine.«
In den ausgestreckten Händen hielt er vier Stangen Dynamit und einen tickenden Wecker.
»Eine Höllenmaschine«, sagte Mr. Finch-Meyers. Schweiß perlte auf seiner Stirn, als er sie aus der Kabine trug.
»Sie bleiben bitte einen Augenblick hier, ich werde das dem Meer zur weiteren Verwendung überlassen.«

Miss Sophie blickte James entrüstet an.
»Was haben Sie sich dabei gedacht? Wollen Sie uns alle umbringen? Wenn Sie mehr Geld benötigen, brauchen Sie nur einen Ton zu sagen.«
James schwieg. Das war die Bombe, die ihm dieser Anarchist gezeigt hatte. Aber ganz sicher hatte er sie in der Küche nicht bei sich gehabt, als er bei der Rangelei in die anlaufende Küchenmaschine gestürzt war. Wahrscheinlich konnte der Mann mit seinem Arsenal die gesamte britische Handelsflotte in die Luft jagen.
Hatte Miss Sophie die Bombe an sich genommen, bevor sie das mörderische Kartoffelschälwerk in Gang setzte?
Und warum schmuggelte sie diese Bombe in seine Kabine? Wollte sie ihn ausliefern und in aller Ruhe mit dem ominösen Bild verschwinden? Ihr Blick war triumphierend.
»Miss Sophie, es ist mir unbegreiflich, wie dieses Bürgerkriegsgerät in meine Kabine gelangen konnte.«
»James, wollen Sie mich jetzt mit einer Ihrer glanzlosen Entschuldigungen langweilen?«
Der zurückgekehrte Finch-Meyers flüsterte Smith etwas ins Ohr. Der Kapitän nickte, und Finch-Meyers machte einen Schritt auf James zu. Er streckte ihm die Hand entgegen. James wich zurück. War das der Handschlag des Henkers für den Delinquenten? Bei Miss Sophie setzte ein Schluckauf ein.
»James McMullen, ich muss mich wegen meines Verdachts bei Ihnen entschuldigen. Zweifellos war ein Anschlag auf Ihr Leben geplant. Wie es scheint, sollten Sie geopfert werden. Auch wenn es da einige dunkle Flecken auf Ihrer Weste zu geben scheint, bin ich von Ihrer Unschuld überzeugt. Einstweilen. Ich fürchte, wir müssen jetzt diesen Andrej Balgakov aus seinem Versteck treiben. Der Mann ist eine ernste Gefahr.

Wir wollen nur hoffen, dass er nicht bereits dabei ist, das Schiff zu versenken.«
Miss Sophie warf James einen rätselhaften Blick zu. Zweifellos hatte sie die Bombe unter sein Bett geschafft. Hatte sie ihn nun anschwärzen oder entlasten wollen? Wenn er das nur wüsste.
»Nun, James, zurück ins Glied«, sagte sie und wandte sich an Finch-Meyers und den Kapitän.
»Meine Herren, vielleicht sollten wir dieses Spektakel mit einem Glas Sherry abrunden. Schließlich wissen wir ja nun, wer in diesem trivialen Roman die Guten und wer die Bösen sind, nicht wahr?«
»Ein Sherry wäre wohl angemessen«, willigte Kapitän Smith ein.
»Oh, dass ich es nicht vergesse. Ich plane eine kleine Geburtstagsparty in der Nacht auf den Fünfzehnten. Es wäre überaus reizend, wenn mir die Herren die Freude machen würden, meinem zunehmend verwaisenden Tisch etwas männlichen Glanz zu verleihen. Ich hoffe, es wird für alle Beteiligten eine denkwürdige Nacht.«
»Auf eine denkwürdige Nacht«, wiederholte der Kapitän und hob sein Glas. Er zwinkerte Miss Sophie zu. James hatte es genau gesehen.

Dr. Philatus Breastsucker

»James, ich werde nicht umhinkönnen, die Pfauenfeder auf die Liste der von Ihnen zu verantwortenden Verluste zu setzen.«

»Sehr wohl, Miss Sophie.«

Sollte sie auf ihre verdammte Liste setzen, was immer sie wollte. Es schien so, als versuche sie, ihm mit ihrem malvenfarbigen Notizbuch Angst einzujagen. Ihre im Hafenbecken verlorengegangenen Korsetts, die Bluse mit dem kleinen Riss, das kleine Missgeschick, das ihm mit dem Bügeleisen unterlaufen war, die Port- und Whiskyflaschen, ja selbst einen zerbrochenen Stift hatte sie säuberlich mit einem Betrag in diesem Notizbuch festgehalten. Die Summe verschlang bereits vier Monatsgehälter. Auch wenn ihm das Geld gleichgültig war, in anderer Hinsicht war er enttäuscht. Menschlich. Schließlich zeigte sie ihm durchaus auch ihre »andere« Seite. Dann lag Vertrautes, Warmes in ihrem Blick. In diesen Momenten spürte er in der Tiefe seines Herzens, dass sie nicht mehr den Butler in ihm sah, sondern den Mann.

Und jetzt? Jetzt stand ihr malvenfarbenes Notizbuch zwischen ihnen.

James räumte die Suppenteller ab. Einen Vorteil hatten die klaffenden Lücken in der Tischgesellschaft zweifelsohne. Die Arbeit wurde übersichtlicher.

»Ist das nicht alles ungeheuer merkwürdig, mein bester Dr. Breastsucker?«, bemerkte Miss Sophie.

»Ja, mich würde es jetzt auch nicht mehr wundern, wenn ein indisches Panzernashorn durch das Café Parisien tanzte.«
Miss Sophie stieß einen spitzen Schrei aus. Was für ein affektiertes Getue um einen derart müden Witz.
»Und Sie glauben tatsächlich, dass Neurosen klassenübergreifend auftreten?«, fragte sie Dr. Breastsucker.
»Unbedingt.«
»Das hätte ich den schlichteren Gemütern gar nicht zugetraut.«
Sie sah ihm direkt in die Augen. Wieder dieses hochmütige Lächeln.
James widmete sich der Portionierung der Zanderfilets. Miss Sophie sog genüsslich den Duft der Walnuss-Sauce ein.
»Danke, James, das sieht ja ganz wunderbar aus. Und Dr. Breastsucker, nehmen wir unseren armen Mr. Oscar Smooth Gentle, kann man seine sexuellen Neigungen, nun, ich meine ...«
»Oh, Miss Sophie. Das Wort Neurose ist eine Art Sammelbegriff. Dennoch, die sexuellen Neigungen von Mr. Smooth Gentle haben wohl ihre Ursache in seiner starken Mutterbeziehung.«
James ließ einen Löffel zu Boden fallen. Da war es wieder. Nur weil einer seine Mutter lieb hatte, wurde er nicht gleich zum homosexuellen Dichter! Nein, das ging zu weit. Er blieb lieber bei seinen manischen Begierden. Da wusste man wenigstens, woran man war.
»Oder nehmen wir das Phantom dieses Schiffes.«
»Ein Phantom? Befinden wir uns in der Geisterstunde, Dr. Breastsucker? Fällt das in Ihr Fach?«
»Keineswegs, Miss Sophie. Unser Schattenwesen ist ein Mensch aus Fleisch und Blut.«
»Fürst Andrej Balgakov?«

»Der Mann muss unter einer schwierigen, ja, frostigen Kindheit gelitten haben. Und in all dieser Kälte hat er sich eingerichtet.«

»Und das macht aus einem Mann, der begüterten Verhältnissen entstammt, einen hoffnungslos idealistischen Anarchisten?«

»Eine kalte, sadistische Persönlichkeit, doch begegnet er einer Frau, die ihn an seine Mutter erinnert ...«

»Meinen Sie mich? Es dürften wohl ein paar Jahre zwischen der Biographie seiner Mutter und meiner ...«

»Das ist ganz unabhängig vom Alter. Es zählt das Bild, das er im Kopf gebildet hat. Man nennt es Übertragung.«

Dr. Philatus Breastsucker faltete die Hände.

»Und dann greift er zur Bombe?«, wollte Miss Sophie wissen.

»Du meine Güte!«

»Nicht so hastig. Es herrschen Spannungen in der Familie, die Kälte, und zack.«

»Zack?«

»Er kann keine intimen Beziehungen eingehen, verleugnet seine sexuellen Triebe und schafft sich einen Vagina-Ersatz.«

»Dr. Breastsucker! Die Bombe ist ein ... Überschätzen Sie da nicht ein wenig die Möglichkeiten, die uns Frauen gegeben sind?«

Dr. Breastsucker schob die Brille nach oben.

»Auch solch eine Bombe verschluckt die Menschen. Nun, deswegen haben Männer ja solche Angst davor, sich völlig hinzugeben. Das ist es ja gerade. Das ist ...«

»Was?«

»Unser kleiner Fürst sucht verzweifelt die Nähe, die Vereinigung mit einem anderen Menschen, und ist sie vollzogen, dann hält er es nicht mehr aus, weil er den ganzen Hass und die Furcht und die eigene Berechnung in den Kopf des Gegenübers überträgt. Und mit solch einem Menschen kann er natürlich nicht mehr zusammen sein. Schließlich ist der sein hässliches Spiegelbild.«

Miss Sophie räusperte sich.

»Ist das nicht bis zu einem gewissen Maß unser aller Schicksal?«

»Nicht in dieser Ausprägung. Auch wenn die Liebe etwas Mystisches hat. Die Vereinigung mit der Welt und den Kräften der Natur, schön und gut. Aber wenn man dazu das Böse aus seinem Kopf hineingibt, Schmerz als Lust empfindet, wenn Bestrafung hinzukommt...«

»Wie gut, dass hier keine Kinder herumlaufen. Bei diesen Reden über Vereinigung und explodierende Geschlechtsorgane wundert es mich, dass Sie immer noch ein freier Mann sind.«

Dr. Breastsucker lachte.

»Nun, Miss Sophie, das funktioniert auch mit vernachlässigten Töchtern und...«

»Ich glaube nicht, dass ich mich diesem Thema weiter hingeben möchte. Ich habe langsam das Gefühl, ich könnte mich anstecken.«

James drapierte eine Banane in die Früchteschale und legte zwei Feigen an das Ende. Miss Sophie riss entsetzt die Augen auf und stieß einen spitzen Schrei aus.

»Nun sehen Sie sich das an, Dr. Breastsucker.« Miss Sophie warf James böse Blicke zu.

»Also, Miss Sophie...«

»Dr. Breastsucker, ich wünsche keine Analyse dieses Vorfalls. Bitte nicht!«

Miss Sophie nippte an ihrem Portweinglas.

»Außerdem kann ich Ihnen versichern, dass diese angebliche Neurose und menschliche Kälte bei Fürst Andrej keinesfalls so ausgeprägt war, wie Sie annehmen, teuerster Breastsucker.«

»Nun, da wird viel verdrängt und überspielt. Die Psychoanalyse ist das Tor in eine wahnhafte Welt, in der sich die Schleier nur langsam lüften.«

»Und der bedauernswerte Mr. Oscar Smooth Gentle?«

»Ein Künstler«, sagte Dr. Breastsucker.

»Was heißt das? Gilt da ihre schöne Theorie nicht mehr?«

»Der Mann sehnt sich nach der vertrauten Zuneigung...«

Miss Sophie stellte geräuschvoll ihr Glas zurück auf den Tisch.

»Besteht der ganze männliche Horizont eigentlich nur aus verlorengegangenen Müttern?«

Da hatte Miss Sophie ausnahmsweise einmal recht, fand James. Doch Dr. Breastsucker ließ sich nicht beirren.

»In der asexuellen Kunst sucht der Künstler die Reinheit seiner Mutter. Er hat Angst vor dem Inzest, und deshalb gibt er sich seinen Romanen und Gedichten hin, taucht ein in diese ganz fremde und doch kontrollierbare Welt. Künstler sind Kinder. Mit reinen, kleinen, aufgeregt schlagenden Kinderherzen spielen sie die Welt der Erwachsenen.«

»Wie mit Bauklötzchen?«

»Fast, Miss Sophie.« Dr. Breastsucker lächelte.

»Sie lassen die Klötze in die Gedanken ihrer Zuhörer, Leser und Zuschauer purzeln. Das ist die große Kunst. Nicht das, was einer zu sagen hat, sondern das, was er entstehen lässt. Telepathie, Sie verstehen?«

»So, so. Dr. Breastsucker, Sie öffnen mir da ganz neue Horizonte. Nehmen wir einmal unseren schlichten James.«

»Ich würde James nicht als schlicht...«

»Aber Dr. Breastsucker, man darf doch noch dezent auf seine einfache Herkunft anspielen, nicht wahr? Oder wollen wir wegen dieses Affronts gegen die unteren Klassen jetzt kollektiven Selbstmord begehen?«

Es reichte. James versetzte dem Servierwagen einen Stoß. Dekadentes Geschwafel. Miss Sophie entwickelte einen regelrechten sportlichen Ehrgeiz, wenn es galt, ihn herabzusetzen. James öffnete die Tür zur Küche. Das hier war die richtige Welt. Hart und gerecht. Köche mit ihren weißen Mützen polterten durch die Gänge. Kommandos wurden gebrüllt. Ganze Mannschaften von Geschirrspülern tauchten die Teller mit dem Symbol der White Star Line in gigantische Wannen. Vereinzelt schwammen Essensreste auf dem Wasser. Es ging durch verschiedene Bäder, bis sie zum Schluss noch einmal mit einem Dampfgerät gesäubert und in Gestelle gestapelt wurden. Dann warteten die geschickten Hände der Tellertrockner, die das Geschirr wienerten. Nebenan rührten Küchenhelfer mit gewaltigen Löffeln in den Töpfen. Das waren Männer! Oberarme wie Autoreifen. Die kamen nicht auf die Idee, ihre Mütter für ihr Schicksal verantwortlich zu machen. Die packten zu, rochen nach Schweiß – und das war gut so.
Auf einer der hölzernen Anrichten stand eine Flasche Rum zum Abschmecken der Saucen. James vergewisserte sich, dass niemand ihn beobachtete, und nahm einen kräftigen Schluck. Das tat gut. Der nächste Gang konnte kommen. Und die nächsten Beleidigungen.
Als er den Servierwagen in den Speisesaal zurückschob, glaubte er seinen Augen nicht zu trauen. Nicht eine Minute konnte er Miss Sophie allein lassen. Sie brachte sich um Kopf und Kragen.
Dr. Breastsucker ließ ein Pendel vor ihrer Nase hin und her schwingen. Miss Sophies Stimme war dunkel, und die Worte schienen von weither über ihre Lippen zu kommen.
»Und Sie glauben, diese Hypnotisiererei klappt auch bei einem Tier, Dr. Breastsucker?«

»Wenn es sich um ein hoch entwickeltes Säugetier handelt.«
»Eine Raubkatze?«
»Gut möglich«, sagte Dr. Breastsucker.
Miss Sophies eben noch verträumter Blick hellte sich auf. Dafür senkten sich die Lider von Dr. Breastsucker.
»Sie werden müde, Sie werden schwer, Dr. Breastsucker, müde, aber Sie schlafen nicht ein.«
Miss Sophie nahm ihm das Pendel aus der Hand.
»Sie werden mir jetzt erzählen, warum Professor Freud incognito auf dem Weg in unsere Kolonien, äh, in die Vereinigten Staaten ist.«
Das war ja unglaublich. Über dem Gesicht von Dr. Breastsucker lag plötzlich ein schiefes Grinsen.
»Es geht um die Freundin des ehemaligen Präsidenten Teddy Roosevelt.«
»Hat sie einen steifen Hals, oder worum geht es?«
»Es ist eine Plüschtier-Manie.«
»Großer Gott im Himmel, sie hat was?«
Miss Sophie brauchte ein paar Sekunden, bis sie den Mund wieder schloss.
Breastsuckers Stimme nölte.
»Sie geht mit einem Stoffbären ins Bett, sie fährt ihn im Kinderwagen durch die Straßen, sie träumt vom sexuellen Verkehr mit dem kleinen pelzigen Kerl.«
Miss Sophie schluckte und ließ das Pendel auf den Tisch krachen. Sie klatschte in die Hände, geradeso, als wollte sie einen bösen Spuk vertreiben. Dr. Breastsucker erwachte aus seiner Hypnose und blickte sich verwirrt um. Das war wieder einmal typisch für diese Miss Sophie. Immer wieder schaffte sie es in letzter Minute, sich die Menschen gefügig zu machen. Das konnte einem direkt Angst einjagen.
»Und?« Breastsucker rieb sich die Augen.

»Nun, Sie haben mich überzeugt.«
»Wovon?«
»Hypnose, Sie haben äußerst anregend über die Probleme des ehemaligen amerikanischen Präsidenten geplaudert...«
»Um Gottes willen«, zischte er und blickte sich ängstlich um. »Behalten Sie das bitte für sich. Unter allen Umständen.«
»Eigentlich schade«, sagte Miss Sophie. »Sie würden hier an Bord damit auf ungeteiltes Interesse stoßen.«
»Die Angelegenheit ist äußerst delikat.«
»Seine Geliebte hat also eine Affäre mit diesem haarigen Gesellen? Heißt er deshalb ›Teddy‹?«
Breastsucker schüttelte den Kopf.
»Umgekehrt, diese Teddys sind nach Roosevelt benannt. Er hat sich geweigert, einen vor seine Flinte gescheuchten Braunbären zu schießen. Und aus Dank haben die Tierschützer...«
»So, so, und jetzt bekommt sein Name eine ganz neue Bedeutung. In den Standardwerken der Psychoanalyse wird er in die Ewigkeit eingehen.«
»Menschen treffen Menschen, und das verändert nun mal ihr Leben.«
»Neurose, Psychose, Plüschose«, sagte Miss Sophie.
»Um Gottes willen, machen Sie keine Witze. Professor Freud reist unter allergrößter Geheimhaltung. Eine Offenlegung könnte weltpolitische Verwicklungen auslösen, von deren Ausmaß Sie sich gar keinen Begriff machen.«
»Ich werde selbstverständlich schweigen, mein lieber Dr. Breastsucker. Allerdings werden Sie sich im Gegenzug mit einem kleinen Gefallen erkenntlich zeigen, nicht wahr?«

* * *

»Warum treffen wir uns hier an Deck?«
Finch-Meyers drehte sich lauernd im Kreis.
»Diesmal soll uns niemand zuvorkommen.«
»Wir werden beobachtet?«
Auch Patsymoon Sterlingtree versuchte etwas Verdächtiges zu entdecken. Finch-Meyers schlug den Kragen seines Staubmantels in die Höhe. Jetzt sah er aus wie ein richtiger Detektiv.
»Ich habe den Eindruck, dass der Täter über jeden unserer Schritte informiert ist«, flüsterte er.
»Wie soll der Fürst das machen? Er kann sich hier oben doch gar nicht blicken lassen.«
»Er muss Komplizen haben. Er selbst geistert irgendwo zwischen den Kesseln oder in den Kohlenbunkern herum. Der Mann hat Zugang zu den sensibelsten Bereichen des Schiffes.«
Patsymoon Sterlingtree war enttäuscht. Warum erwähnte er mit keinem Wort die Stiefel, die sie da unten ausfindig gemacht hatte? Das war doch eine wichtige Spur. Vielleicht ließ sich im Bauch des Schiffes noch Witterung aufnehmen, wie man so sagte. Sie war fest entschlossen, Dr. Breastsucker um eine kurze Untersuchung des Beweisstücks zu bitten. Der Mann war schließlich Akademiker. So etwas Ähnliches wie ein Arzt.
»Miss Sterlingtree, die Lage ist ernst. Wir haben einen unsichtbaren Gegner, der das Schiff und alle Passagiere an Bord bedroht. Und wir haben wir einen Untoten.«
»Sie meinen noch ein Gespenst?«
»Unsinn. Wir haben einen Dichter, der offiziell seit elf Jahren tot ist und in einem Pariser Grab liegt. Doch tatsächlich lebt der Mann, taucht hier urplötzlich auf und ist auf dem Weg nach Amerika, um die Welt mit seiner Existenz und einem neuen Buch zu beglücken. Zweifellos ein Mann mit Feinden.«

»Sie meinen, der Fürst hat Mr. Smooth Gentle in fremdem Auftrag niedergestreckt?«

»Ermordet, Miss Sterlingtree. Wir befinden uns nicht in einem Roman.«

»Vielleicht doch.«

Miss Sterlingtrees Stimme klang verschwörerisch.

»Stellen Sie sich vor, da draußen ...«

»Draußen?«

»... also außerhalb dieses Romans gibt es einen Leser, der in genau diesem Moment diese Zeilen liest.«

Finch-Meyers stöhnte.

»Miss Patsy, Ihre Geisterbeschwörung in allen Ehren, aber wie soll uns das weiterhelfen?«

»Nun, wir brauchen uns nur auf die Spur des Autors zu setzen. Was passiert ...«

»Miss Sterlingtree, vielleicht gehen Sie rasch hinunter auf die Krankenstation und bitten um ein Beruhigungsmittel.«

»Nehmen wir also an, dies ist ein Roman, und versetzen wir uns nun einen Augenblick in den Autor.«

»Was soll das bringen?«

»Er hat ein Problem.«

»Der Autor?«

»Er muss einen wirklich durchtriebenen Burschen in diese Geschichte schicken. Vielleicht auch zwei. Komplizen. Mit einem klaren Motiv, das uns allerdings unbekannt ist.«

»Warum?«

»Wüssten wir den Grund, dann wäre der Fall bereits gelöst.«

»Miss Sterlingtree, können wir bitte ...«

»Sie sollten es mal mit dieser Methode probieren. Man sieht die Dinge dann gewissermassen von oben. Ganz emotionslos. Hinter allem steckt ein großer Plan.«

»Das ist Blasphemie, Miss Sterlingtree.«

»Oh, so war das gar nicht gemeint. Es geht ja nur um den Blickwinkel.«

»Dennoch wäre ich dankbar, wenn wir uns wieder ...«

»Sicher. Also, wo waren wir?«, entgegnete Miss Sterlingtree.

»Der Fürst der Finsternis bringt also Mr. Smooth Gentle um.«

»Wer weiß das schon?«

»Und warum will er diesen Butler James mit einer Bombe zur Strecke bringen?«

Mr. Finch-Meyers verfiel ins Brüten.

»Lauter lose Enden. Vielleicht geht es um das, worum es meistens geht.«

Patsymoon Sterlingtree blickte ihn fragend an.

»Nun, die Liebe, die Eifersucht. Ich hatte das Gefühl, dass dieser Salon-Anarchist ein Auge auf die gute Miss Sophie geworfen hatte ...«

»Und die hat etwas mit ihrem Butler, und deshalb muss er aus dem Weg geräumt werden? Also bastelt er eine Bombe und versteckt sie in James' Kabine?«

»Unsinn, aber der Butler ist in diesen Mord verwickelt. Schon dieser verschlagene Blick. Und immer riecht er nach Alkohol. Säuft das ganze Schiff leer, der Mann.«

Was ihrem Chef alles auffiel! Gut, es mangelte ihm ein wenig an Phantasie, aber seine Beobachtungsgabe war phänomenal. Sicher, auch sie hatte den Butler schwanken sehen, dem aber weiter keine Bedeutung beigemessen.

Finch-Meyers fuhr sich über den Leib.

»Dieser Andrej Balgakov schlägt mir furchtbar auf den Magen. Seit Tagen dieses Bauchdrücken. Als hätte ich einen toten Vogel vertilgt. Wir müssen uns diesen Anarchisten greifen.«

»Aber wo finden wir ihn?«
»Er wird uns finden. Wir stellen ihm eine Falle.«

* * *

Der Anblick war erschütternd. Da standen zwei erwachsene Menschen um einen Tigerkäfig und ließen ein Pendel hin und her schwingen. Für James war dies eine abstoßende Demonstration dessen, wohin die Gier Menschen treiben konnte.
Der Tiger legte sich auf den Rücken und ruderte mit den Tatzen in der Luft. Wäre es nicht ganz und gar unmöglich, könnte man glauben, dass er ihnen zuwinkte.
»Ist das jetzt der Beweis ihrer bahnbrechenden Fähigkeiten, Dr. Breastsucker?«
»Aber, Sophie, ich heiße Philatus.«
»Macht nichts, Philatus. Trotzdem kann ich mich des Gefühls nicht erwehren, dass dieses Tier sich über uns lustig macht.«
»Er hat zu viel von dem Beruhigungsmittel geschluckt. Und zu viel Opium sicher auch.«
Miss Sophie zog mit einem entschlossenen Ruck die Schnüre ihrer Handtasche zu. »Vielleicht sollten wir dieses Tier einfach der jenseitigen Welt übereignen. Aber dazu müssten wir in den Käfig. Nirgendwo auf diesem verdammten Schiff ist eine Spur Gift zu finden. Ein Skandal ist das.«
»Sophie, von dieser Seite kenne ich dich ja gar nicht.«
Sie zog die Augen zu Schlitzen zusammen. Für James ein sicheres Zeichen dafür, dass sie ungeduldig wurde. Seine Mutter hatte auch immer die Augen zusammengekniffen.
»Wir könnten den Käfig unter Strom setzen und diesen gestreiften König des Dschungels langsam toasten. Bei mittleren Temperaturen.«
»Aber, Sophie!«

»Nur reicht der Strom, den der Schiffsgenerator hergibt, höchstens aus, um die Katze zu kitzeln.«
Breastsucker schüttelte den Kopf.
»Gefällt mir nicht. Solch ein prächtiges Tier einfach töten?«
»Dieses prächtige Tier wacht in seinem Käfig nun mal über eine prächtige Erinnerung. Für jeden anderen unbedeutend, für mich von unschätzbarem Wert.«
»Den Tiger in Trance zu versetzen erfordert Geduld.«
»Ist das Pendel zu klein? Sicher hat diese verdammte Katze das Bild unter dem Strohhaufen vergraben«, sagte Miss Sophie düster.
»Ein Bild?«
»Vielleicht sollten wir ihn erschießen, aber das macht leider Krach.«
Sie wandte sich an James.
»Das hat man nun davon, wenn man sich darauf einlässt, einen feigen Butler einzustellen.«
Nein, da konnte sie ihn beleidigen, wie sie wollte. Er würde nicht in diesen Käfig steigen. Niemals.
Dr. Breastsucker kletterte auf eine Kiste und ließ das Pendel an einer langen Schnur in den Käfig hinab. Die Augen des Tigers folgten aufmerksam. Sacht hob er die Tatze und wischte mit einem Hieb das Pendel herunter. Dr. Breastsucker schreckte zurück.
»Sophie, Schätzchen, schrecklich gern würde ich dir helfen, aber ich fürchte, du musst auf eine Abordnung der New Yorker Tierpfleger warten. Das ist nicht mein Fachgebiet.«
»Ich weiß, du bist mehr der Theoretiker.«
»Geduld, Sophie, in dieser Welt hilft Geduld. Außerdem: Kapitän Smith lässt dir zuliebe ja mächtig Kohlen aufs Feuer schaufeln.«
Miss Sophie setzte sich auf eine Teekiste und seufzte.

»Langsam beginne ich mich zu langweilen. Wäre da nicht meine kleine Geburtstagsfeier, ich wüsste gar nicht, womit man sich von dieser Ödnis ablenken sollte. Wasser, Wasser, überall Wasser.«
»Sophie, und dieser Kapitän ... Gibt es da etwas zwischen euch, was ich wissen sollte?«
»Jetzt auch noch Eifersucht«, sagte Miss Sophie. Dr. Breastsucker setzte einen Dackelblick auf.
Der also auch. Wie schaffte sie es nur, in dieser Geschwindigkeit die Männer herumzukriegen? Dabei ging sie doch mit ihren Verehrern zuweilen äußerst rüde um. Dieser Smooth Gentle hatte schon recht gehabt. Männer sind nicht an Frauen interessiert, die sie gut behandeln.
»Wie meinen, James?«
»Oh, nichts Miss Sophie, nur dass wir es vielleicht hiermit probieren sollten.«
James klopfte auf die Stangen der Sonnenschirme, die er auf dem Promenadendeck der ersten Klasse gesammelt hatte.
»Wollen Sie eine Partie Mikado mit der Katze spielen?«
»Vielleicht könnten wir damit das Stroh zur Seite schieben und ...«
»Das ist ein Gedanke! James, steckt mehr in Ihnen, als wir alle geahnt haben? Philatus, würdest du bitte meinem Butler zur Hand gehen?«
Oscar Smooth Gentle, der Dichter, hätte trefflich zu spotten gehabt. Nach der Pendelei stocherten nun zwei erwachsene Männer europäischer Herkunft in einem Tigerkäfig, und eine englische Miss mit zweifelhaften Absichten erteilte Kommandos.
Wenn er doch nur bald amerikanischen Boden betreten könnte! Hart wollte er mit seiner Pfanne arbeiten. Ja, die Freiheit lohnte den Schweiß. Das spürte man vor allem, wenn

man sich derart tief unter die Knute fremder Herrschaft bücken musste.
Unter dem aufmerksamen Blick des Tigers stocherten sie im Heu. Er streckte seine Tatze aus, legte sich auf die Seite und schlummerte schnarchend ein.
»Sophie, ich fürchte, da ist nichts«, sagte Dr. Breastsucker.
»Es muss da sein. Ich habe gesehen, wie er es in den Käfig geschoben hat.«
»Wer?«
»Das tut nichts zur Sache. Es muss da sein. Es sei denn ...«
Miss Sophie wandte sich langsam Breastsucker zu, und James lief ein Frösteln über den Rücken.

* * *

Der Körper von Dr. Philatus Breastsucker pendelte am Kronleuchter unter der Kuppel des Treppenaufgangs. Die Zunge war aus seinem Mund gerutscht, und die weit aufgerissenen Augen zeigten einen Ausdruck des Erstaunens. Der Tod musste ihn mit einer Überraschung begrüßt haben. Hinter dem Toten tickte auf dem Treppenabsatz die von zwei Engeln gehaltene Uhr.
Vor dieser Treppe hatte Patsymoon Sterlingtree großen Respekt. Über ihre Stufen schritten zu den Essenszeiten die Passagiere der ersten Klasse in den großen Speisesaal hinunter. Die Damen in ihren bodenlangen, sündhaft teuren Kleidern und die Herren in Anzügen aus englischem Tuch. Dieser zur Schau gestellte Reichtum und der glitzernde Schmuck machten sie immer ganz nervös. Ja, dachte Patsymoon Sterlingtree, es waren eben Menschen aus einer anderen Welt.
»Verdammte Sauerei«, sagt Kapitän Smith. »Finch-Meyers, wie konnte das passieren?«

»Keine Ahnung, Sir.«
»Wofür bezahlt man Sie eigentlich? Eine Heuer der Ahnungslosigkeit, oder was? Was verdammt noch mal ist das? Was geht auf meinem Schiff vor?«
Der Kapitän deutete auf die Stange, die aus Breastsuckers Brustkorb ragte.
»Eine Fischbeinstange, Sir.«
»Wie kommt die an Bord?«

»Davon dürfte es auf der Titanic Tausende geben.«
»Und ich weiß nichts davon?«
»Es handelt sich um den Halt gebenden Bestandteil eines Korsetts.«
»Und was hat das im Körper von Dr. Breastsucker zu suchen? War der Mann eine Tunte? Regelrecht hingerichtet, und verdammt noch mal, woran hängt er da? Das sieht ja aus...«
»Ein Büstenhalter, Sir«, sagte Miss Sterlingtree.
»Großer Gott.«
»Er muss selbst hochgeklettert sein«, sagte Finch-Meyers.
Kapitän Smith in seinem Morgenmantel schüttelte den Kopf.
»Wie ein Affe? Unmöglich. Ich weiß, ich weiß, diese Psychoheinis sind verdrehte Leute, natürlich. Aber sie knüpfen sich nicht selbst mit einem Büstenhalter auf. Und das zu dieser unchristlichen Zeit.«
»Er dürfte auf eine Leiter gestiegen sein und...«
»Sehen Sie vielleicht eine Leiter?«, herrschte der Kapitän ihn an.
»Aber wer kann einen Mann von diesem Gewicht da oben aufhängen? Vielleicht zwei Männer?«
»Schaffen Sie die Leiche fort, bevor den ersten Frühstücksgästen schlecht wird. Verdammt bin ich froh, dass dies meine letzte Fahrt ist. Am Kronleuchter aufgeknüpfte Psychiater, Gott im Himmel. Ich erwarte ihren Bericht um elf Uhr.«
Eine Serviererin kreischte laut auf und ließ ihr Tablett mit Marmelade, Honig, Brötchen und Kaffee zu Boden fallen. Kapitän Smith stöhnte und versprach, ein paar Matrosen zu schicken, die sich daranmachen würden, den Leichnam vom Kronleuchter zu schneiden.
»Langsam gehen uns die Passagiere aus. Wie gut, dass wir eine Eismaschine an Bord haben«, fuhr Kapitän Smith fort.

Finch-Meyers betrachtete nachdenklich den vor ihm pendelnden Leichnam. Ja, alles deutete auf diesen Anarchisten. »Der Täter hasst seine eigene Herkunft. Und das lässt er an seinen Opfern aus«, sagte er.
»Wegen des Kronleuchters, und weil es hier am Eingang zum Speisesaal der ersten Klasse passierte?«
»Sie begreifen rasch, Miss Sterlingtree.«
»Danke, Sir.«
»Der Mörder verachtet diese ganze Psychoanalyse. Das macht den Mann ja schon wieder sympathisch.«
»Deshalb hat er ihn an einem Büstenhalter aufgeknöpft?«
Finch-Meyers berührte die Hosenbeine des Erhängten und drehte ihn einmal um die eigene Achse.
»Fällt Ihnen etwas auf, Miss Sterlingtree?«
»Patsy.«
»Nun, ich glaube nicht, dass dies der rechte Ort ist, um unsere Konversation auf neue Beine zu stellen.«
»Auffallen? Nun, der großen Ausbuchtung nach zu urteilen, konnte sich der Mann zeit seines Lebens eines großen Gemächts erfreuen.«
Finch-Meyers räusperte sich.
»Diese Vergrößerung … nun, eine normale Reaktion bei Erhängten. Das Blut wird gestaut. Was fällt Ihnen noch auf?«
»Die fehlende Leiter?«
»Die Pantoffeln, die der Doktor trägt. Er muss in aller Eile aus seiner Kabine gestürzt sein und …«
»Wo Sie gerade von Schuhen reden, Sir. Ich bat Dr. Breastsucker, sich Balgakovs Stiefel näher anzusehen.«
»Und? Hat er vor seinem Hinscheiden etwas äußern können?«
»Er äußerte die Vermutung, dass sich Balgakov die Stiefel nicht allein ausgezogen hat. Aus einem konnte er einen Socken herausziehen und …«

»Raus damit.«
»Er hat auch einen Fußnagel gefunden.«
Über Finch-Meyers' Gesicht huschte ein Lächeln.
»Gut gemacht, Sterlingtree. Das Bild rundet sich. Dem einen fehlen die Stiefel, und der andere hängt hier in Pantoffeln. Dieser Fürst hat sich an den Schuhen von Dr. Breastsucker vergriffen und ihm ein paar Pantoffeln übergestreift.«
»Das verstehe ich nicht, Sir. Diese ganze Geschichte ist völlig verworren. Ein Mann verschwindet, zwei weitere werden auf höchst eigenartige Weise ermordet ...«
»Er will uns verwirren, uns auf eine falsche Fährte locken. Oder aber ...«
Finch-Meyers durchsuchte die Taschen des Toten und fand einen sauber gefalteten Zettel. Der Detektiv roch daran.
»Unzweifelhaft Lavendel«, sagte er und überflog die Zeilen.
»Ein Kämpfer auf den Barrikaden der Weltrevolution und am Ende ein Opfer der Liebe?«

* * *

James wuchtete den Rinderbraten zu den Gitterstäben. Der Tiger blinzelte ihn gelangweilt an und schloss die Augen. Verdammte Fütterei. Er hatte Miss Sophie vorgeschlagen, die Katze verhungern zu lassen. Sie war strikt dagegen gewesen, weil sie fürchtete, dass der Tiger sich über das Bild hermachen könnte. Außerdem reichte die Zeit nicht. So ein Tiger komme im Dschungel wochenlang ohne Nahrung aus. Was verstand Miss Sophie schon davon?
Noch immer glaubte sie, die Holzkiste mit dem Bild müsse sich irgendwo im Innern des Käfigs befinden. Und dann hatte sie diesen Breastsucker verdächtigt. Gier macht einsam.

Aber manchmal trafen Miss Sophies Vermutungen durchaus ins Schwarze. Womöglich war der Doktor zu einer von ihm so genannten Hypnosesitzung zum Tiger hinab in den Frachtraum gestiegen und hatte das Bild klammheimlich beiseite geschafft. Miss Sophie war jedenfalls außer sich, als die Kiste im Stroh nicht zu finden war. Eigentlich gab es nur noch zwei Möglichkeiten. Entweder der Tiger hatte sie in seinen kleinen Verschlag geschleppt, in den er sich zuweilen zurückzuziehen pflegte, oder aber ...

Als drehte sich die Welt allein um dieses verdammte Bild. Natürlich, es konnte auch sein Leben verändern. Miss Sophie hatte ja sogar angekündigt, ihm die in Rechnung gestellten Beträge zu streichen, wenn er es herbeischaffte. Nicht, dass ihn diese Schulden weiter beunruhigten. Einem nackten Mann konnte man ohnehin nicht in die Tasche greifen.

James presste das Stück Fleisch durch die Gitterstäbe. Sein Rücken schmerzte. All das Geschleppe war er nicht gewohnt. Vielleicht sollte er sich zu einem kleinen Schläfchen in das nagelneue Auto setzen, das einer dieser Verrückten nach Amerika verschiffte. Ein Renault. Selbst ein Chauffeur ging mit auf Reisen. Erstaunlich, dass die Franzosen überhaupt fähig waren, Autos zu bauen. Normalerweise waren die doch mit Wein und Käse beschäftigt.

James schlenderte durch den Frachtraum. In einem Verschlag wieherten Polopferde, die ein anderer Verrückter verschifft hatte. Dies hier war kein Frachtraum, es war der reinste Zoo. In einer Nische tropften die eisgefüllten Särge vor sich hin. Auch Oscar Smooth Gentle und Dr. Breastsucker hatten sich nun hier zur vorletzten Ruhe eingefunden. Einer der Matrosen schaffte jeden Abend neue Eisstücke zur Kühlung herbei. Fraßen Tiger eigentlich Aas? Andererseits, die Seiten mit Bauchspeck, die Koteletts und Rindersteaks, die er aus der Küche organisierte und im Auftrag von Miss Sophie hier herunterschleppte, waren genau betrachtet auch nichts anderes als Aas. Gut, ein wenig anders zur Lagerung vorbereitet, aber vielleicht war der Tiger gar nicht so wählerisch, liebte gar die Abwechslung? Er hätte sich wirklich eine Menge Schinderei ersparen können. Sicher, das Ganze war ein wenig unappetitlich, aber mit einem scharfem Messer und einer soliden Säge...

James trat gegen eine Kiste. Da hatte er sich wegen einer günstigen Passage als Butler einstellen lassen, und nun musste er sich die Gedanken eines Fleischhauers machen. Unglaublich. Und auf seinen Brief, den er sich unter Zuhilfenahme einiger Romane und Gedichtbände abgerungen hatte, gab es von Miss Sophie auch keinerlei Reaktion. Ihre Ignoranz war zermürbend.

Zu allem Elend durfte er auch noch eine Geburtstagsparty für sie ausrichten. Das einzig Gute war, dass die Anzahl der Geburtstagsgäste mittlerweile recht übersichtlich ausfiel.

»Können Sie mir wohl sagen, wie ich den Weg aus diesem Labyrinth finde?«

James fuhr herum. Es war dieser seltsame Professor, den Dr. Breastsucker nach Amerika begleiten wollte, bevor er abberufen wurde. Der Gelehrte blinzelte ihn über seine randlose Brille hinweg an.

»Interessante Gesichtszüge, äußerst interessant.«

»Sir?«

Der Professor ließ das Buch sinken.

»Ja, da wacht man eines Tages auf und befindet sich tief, tief in den Abgründen der Seele, nicht wahr?« Der Professor lachte.

Der Mann schien geradezu aufzuleben hier unten. Seine Augen flitzten wie zwei kleine Mäuse hin und her. Er deutete mit dem Arm in den Frachtraum.

»Dunkel und geheimnisvoll, nicht wahr?«
»Sir?«
»Sperrige Erinnerungsstücke, halb verwehte Geschichten und Schuld. Jede Menge Schuld. Ist es hier nicht wie in unser aller Unterbewusstsein?«
»Ich verstehe nicht, Sir.«
»Ich auch nicht«, sagte der Professor. »Es ist andersherum. Unser Unterbewusstsein ist ein Frachtraum.«
Er lächelte und nickte bekräftigend.
»Nun, tief in uns gibt es Triebkräfte und Energien, die unser Leben dirigieren. Und Angst und ... wie heißen Sie, junger Mann?«
»James, Sir.«
»Nun, James, das Leben besteht nicht nur aus Schuld.«
»Nein, Sir.«
»Gut möglich, dass dieser muffige Frachtraum die Geschicke der Titanic bestimmt, nicht wahr? Vielleicht sollte man hier einmal aufräumen?«
»Sir, ich fürchte ...«
»So eine Art Schiffsunterbewusstsein.«
Der Professor blickte sich um.
»Schiffe können denken?«
»Sie können fühlen, sie haben eine Seele.«
Aus der Tiefe unter ihnen drang ein Grollen herauf, begleitet vom Stampfen der Kolben.
»Das ist das Männliche an diesem Schiffsweib.«
Dieser Professor war wirklich eine einnehmende Persönlichkeit. Und nicht zu bremsen. Mit keinem Wort hatte er es für nötig befunden, seinen verstorbenen Assistenten zu erwähnen. So, als wäre Breastsuckers Tod noch gar nicht in die gut und böse, lebendig und tot voneinander unterscheidenden Teile seines Hirns vorgedrungen.

»Sehen Sie, junger Mann. All die Erinnerungen, die hier hübsch verpackt lauern, die Untaten und Schuldgefühle, das schlechte Gewissen vergangener Tage, die bösen Verletzungen der Kindheit, animalische Kräfte ...«

Der Tiger fauchte.

»Was war jetzt das?«, fragte Sigmund Freud.

»Ein verdammter Müllschlucker, Sir.«

»Ja, die Seele ist eine Lagerhaus, nicht wahr? Und da piekst und quält es, geistert es durch unsere Träume, und manchmal faucht es auch. Ja, es faucht.«

»Ich schlafe sehr gut, Sir.«

»Und das Schiff?«

»Das Schiff, Sir? Sie meinen, dass Schiff schläft nicht gut?«

»Ja, warum denn nicht? Warum soll ein Schiff nicht träumen. Es muss ja alles gewissermaßen verarbeiten, nicht wahr?«

»Soweit ich weiß, fährt die Titanic auch in der Nacht, Sir.«

»Ob das gut ist? Auch ein Schiff muss sich ausruhen.«

»Ausruhen?«

»James, ein Schiff hat eine Seele, und die ist mit der unsrigen verknüpft, nicht wahr? Auch, wenn sie unter der Wasserlinie liegt. Im Vertrauen ...« Der Professor näherte sich dem Ohr von James.

»Unsere Seele liegt auch unter der Wasserlinie. Haben Sie das gewusst?«

James nickte. Vielleicht war sogar ein Fünkchen Wahrheit an dem, was der Mann sagte. Dennoch war es verrückt. Der tat ja geradeso, als wenn diese Nagelkiste ... Unsinn. Das fehlte noch, dass er jetzt auch in der Nacht keine Ruhe mehr fand.

Eine Ladeluke wurde geöffnet, und der Professor blinzelte in

den hereinfallenden Lichtstrahl. Er sah aus wie ein Nachttier, das ängstlich und ungläubig von der aufgehenden Sonne überrascht wird.
»Manchmal sieht man in der Dunkelheit besser, nicht wahr?«
Der Professor reichte ihm eine Visitenkarte, dann stolperte er auf die Schiebetür zu, von der eine Treppe hinauf auf das Deck führte.

* * *

»An diesem Tisch sehen wir drei leere Stühle«, sagte Jessup Finch-Meyers. Er machte eine Pause.
Miss Sophie legte seufzend ihre Serviette auf den Tisch.
»In der Tat, die Geselligkeit hat ungemein gelitten.«
Finch-Meyers blickte drohend in die Runde.
»Es scheint, als hätte der Sensenmann persönlich an dieser Tafel Platz genommen. Da haben wir also einen russischen Fürsten mit dunklen Neigungen, der von heute auf morgen verschwindet.«
»Wenn diese Entwicklung anhält, muss ich an meinem 40. Geburtstag noch mit meinem Butler anstoßen«, warf Miss Sophie ein.
James zuckte zusammen. Mr. Finch-Meyers zog einen Notizblock aus der Jacke und schrieb ein Wort hinein.
»Darüber hinaus betrauern wir den Tod von Mr. Smooth Gentle, der sich nach eingehender Beschäftigung mit seiner Vergangenheit als ein längst verstorben geglaubter irischer Dichter herausstellt.«
»Verdammte Saucrei«, sagte Kapitän Smith und lockerte seinen Kragen.
»Ja, er war in der Tat eine farbenfrohe Bereicherung unserer Runde«, sinnierte Miss Sophie. »Ein Mann der wohlgesetzten Worte. Umso bedauerlicher sein Verschwinden.«

Finch-Meyer trommelte mit dem Bleistift auf seinen Notizblock.
»Schließlich finden wir Dr. Philatus Breastsucker in einer für ihn unvorteilhaften Lage, an einem Kronleuchter hängend, vor. Zusätzlich erstochen mit der Stange eines Fischbein-Korsetts.«
»Unappetitlich«, kommentierte Miss Sophie.
James nahm die Oliven und Nussschälchen vom Tisch. In wenigen Minuten würde der Gong ertönen, und die Oberkellner würden aus der Küche wieseln. Vorn spielte sich das Orchester mit einem Stück von Tschaikowski warm. Zumindest wurde hier nicht, wie in der dritten Klasse, ins Horn gestoßen. Obwohl sich ein kräftiges Halali am Tisch von Miss Sophie gut machen würde, dachte James. In Erinnerung an all jene Kämpen, die auf der Strecke geblieben waren.
»James, lassen Sie ruhig die Schälchen noch stehen. Wir wissen ja, dass es hier an Bord mit der Pünktlichkeit nicht allzu genau genommen wird.«
Auf Finch-Meyers' Stirn schwoll eine Ader.
»Wie können Sie jetzt vom Essen reden?«
Da hatte der Mann ausnahmsweise einmal recht. Auf diesem Schiff ging es anscheinend um nichts anderes. Kaum waren die Frühstücksteller abgeräumt, bereitete sich alles auf das Mittagessen vor. Und kaum war der Pudding serviert, gingen die Herren in den Rauchsalon, um sich nur wenige Minuten später mit einer Rindsbouillon zu bewaffnen, die den Gemahlinnen die lange Zeit bis zum Dinner überbrücken half. Essen, Essen, Essen. Nur unterbrochen von dieser dauernden Umzieherei. Da hatten es die Passagiere der dritten Klasse bedeutend einfacher. Wenngleich diese Kutteln sicher nur dann genießbar waren, wenn man nicht daran dachte, worum es sich dort auf dem Teller handelte.

»Es ist nicht zu übersehen, dass die Ausführung des Anschlags auf Dr. Breastsucker eine Anspielung auf seinen Beruf enthält.«
»Wie darf ich das verstehen, Mr. Meyer?«, fragte Miss Sophie. »Wurde er mit einer Couch erschlagen?«
»Leider kein guter Anlass, um sich lustig zu machen, Madame. Bemerkenswert, die Tat erfolgte auch, und ich betone, auch, mit einem Utensil, das zur unsichtbaren Ausstattung jeder Dame gehört.«
»Vielleicht eine sexuelle Anspielung?«, errötete Miss Sterlingtree.
»Muss das hier in aller Öffentlichkeit erörtert werden?«, fragte Kapitän Smith.
Was für ein Gewäsch! James konnte es nicht mehr mit anhören. Um alles und jedes wurde ein großes Wuhei veranstaltet. Es war doch nur einer von Miss Sophies Büstenhaltern, den er auf den Kronleuchter geworfen hatte. Er selbst hatte Miss Sophie einen nicht unterschriebenen Zettel zukommen lassen, auf dem der Verbleib ihres rosafarbenen BH vermerkt war. Ein Scherz. Und weil er es sich noch auf ein Stündchen mit einer Flasche Whisky unten im Kesselraum gemütlich gemacht hatte, musste sie den armen Breastsucker aus dem Kabinenbett getrommelt haben. Wie der sich allerdings so blöd anstellen konnte, sich mit der Unterwäsche zu strangulieren, das blieb wohl für immer das Geheimnis dieses Doktors. Allerdings, etwas Überraschendes gab es da doch noch. Irgendjemand musste die Leiter weggezogen haben. Hatte Miss Sophie ...?
»Kann jemand hier am Tisch etwas über die Herkunft dieses Kleidungsstückes sagen?«
Mr. Finch-Meyers hielt den BH in die Höhe. Miss Sophie sah James beschwörend an.

»Wollen Sie uns mit der Unterwäsche wildfremder Menschen den letzten Anflug von Appetit rauben?«

»Das ist nicht Ihr Wäschestück, Miss Sophie?«

»Ich pflege bei O'Tates in der Berkshire Street zu kaufen.«

Der Kapitän tätschelte ihre Hand.

James konnte sich an kein Kleidungsstück in Miss Sophies Fundus erinnern, welches das Wäschezeichen dieses Nobel-Damenaustatters trug. Natürlich gehörte dieses minzfarbene Miniaturzeltlager Miss Sophie. Und schließlich hatte sie nicht ohne Grund Dr. Breastsucker auf den Kronleuchter gescheucht.

»Wir suchen noch die Leiter, mit der das Opfer dort hinauf gelangte. Und den Urheber der ebenfalls tödlichen Verletzung mit einer Fischbein-Korsettstange.«

Dafür war er, James, nun wirklich nicht verantwortlich. Hatte Miss Sophie die Situation ausgenutzt und dem Doktor eine zu nachdrücklich unterstrichene Frage gestellt? Schließlich hatte sie ihm gegenüber einen Verdacht gegen den Doktor angedeutet. Und hatte sie womöglich recht mit ihrer Vermutung, der Doktor habe das Bild aus dem Tigerkäfig geholt, nachdem er das Tier heimlich in Trance versetzt hatte? Auszuschließen war es nicht. Nein, auf diesem Schiff war rein gar nichts auszuschließen.

»Und diesen Brief fanden wir in der Tasche von Dr. Breastsucker.«

Der Borddetektiv hielt ein Blatt in die Höhe. James faltete weiter seine Servietten.

»Wenn ich um Aufmerksamkeit bitte dürfte! Also, hier steht: ›Nun höre auf dein Herz, du meiner Seele Pochen. Mein ist dein, dein ist mein, über alle Abgründe hinweg. Ich werde dir diese Lisa zu Füßen legen. Denke an unsere Zukunft. Mann und Frau. Es gibt nichts Stärkeres.‹«

»Nicht eben ein Gipfelsturm britischer Poesie«, bemerkte Miss Sophie.

James' Hände zitterten. Wo, verdammt noch mal, hatte dieser Breastsucker seinen Brief her? Stunden hatte er gebraucht, um die rechten Wörter zu Papier zu bringen. Persönlich hatte er ihn Miss Sophie auf den Nachttisch gelegt und ...

Miss Sophie setzte ihren »Höhere-Tochter-Blick« auf.

»Nun, dieser Brief ist nicht in Dr. Breastsuckers Handschrift abgefasst.«

Miss Sophie wurde kreidebleich. James begriff sofort, was dies bedeutete. Sie hatte geglaubt, der Brief stamme von Breastsucker. Messerscharf und unter Einsatz all ihrer Gier hatte sie geschlossen, dass sich dieses verdammte Bild bereits in seinem Besitz befunden hatte. Wahrscheinlich hatte sie die günstige Gelegenheit des in ihrem Büstenhalter verfangenen Breastsucker schamlos ausgenutzt. Sie hatte den in seiner Verstrickung schutzlosen Breastsucker hochnotpeinlich mit einer Korsettstange nach dem Verbleib des Bildes befragt. Der Mann hatte das nicht überlebt. Nachdem er dort am Kronleuchter verschieden war, hatte sie ihm den anonymen Brief zurück in die Jacke gestopft, um ja nicht in Verdacht zu geraten.

Konnte man denn nicht einmal einen Liebesbrief schreiben, ohne dass gleich alles missverstanden wurde? James wuchtete einen Stapel Teller auf den Servierwagen.

»Ein Mörderschiff«, sagte Miss Sophie.

Falsche Schlange. Manchmal wusste James wirklich nicht so recht, ob er nicht in Miss Sophies Nähe in ständiger Lebensgefahr schwebte. Kapitän Smith tätschelte weiter ihre Hand.

»Sophie, wir werden der guten Titanic Dampf machen, damit wir rasch festen Boden unter die Füße bekommen. Alles wird sich aufklären. Beruhige dich.«

Er flüsterte Miss Sophie etwas ins Ohr. Sie schlug affektiert die Augenlider auf.

Finch-Meyers' Blick durchstreifte den Saal und blieb schließlich bei James hängen.

»Nun, dieser Balgakov hatte einen Hass gegen die Psychoanalyse und die Poesie gleichermaßen«, raunte Finch-Meyers. »Ich frage mich nur, wie er mit einem Mann der Kirche umgeht ... warum er solche Angst vor einem Mann der Kirche, einem Pater, hat?«

Wenn dieses Gerede überhaupt einen Sinn machte, dann wollte er diesen Balgakov mit seinen salbungsvollen Worten aus seinem Versteck locken. Ein schöner Plan. Dabei hatte er ihn doch längst verdaut. James konnte sich einen Anflug von Heiterkeit nicht verkneifen. Balgakov jedenfalls war nicht weiter gefährlich. Es sei denn, Finch-Meyers litt unter Verstopfung.

Obwohl, wenn dieser Fürst Andrej auftauchte ...

James schob den Servierwagen in Richtung Küche, als Finch-Meyers noch einmal um allgemeine Aufmerksamkeit bat.

»Ich möchte Sie davon in Kenntnis setzen, dass ich mir eine Erhellung dieser vertrackten Sachverhalte durch eine telegraphisch übermittelte Anfrage erhoffe, die ich heute morgen über den Äther geschickt habe. Möglicherweise ergeben sich daraus völlig neue Aspekte. Insbesondere denke ich an eine Kiste, die Mr. Breastsucker auf einem seiner Notizzettel vermerkt hatte.«

Er blickte James tief in die Augen und wandte den Kopf langsam zu Miss Sophie.

»Vielleicht gibt es weitere Notizen. Wie bei Akademikern üblich. Möglich, dass es gar nicht dieser Andrej Balgakov war.«

Das Geschirr auf James' Wagen schepperte. Ein Steward öffnete ihm die Tür zur Küche. Jetzt war er auf neutralem

Gebiet. Das Heer der Köche, Küchenhelfer, Geschirrspüler und -trockner, der Serviererinnen und Saucenköche, der Gemüseputzer und Besteckpolierer arbeitete wie das Räderwerk einer Uhr. Hier fühlte er sich wohl.
Aus den Kühlkammern und Vorratslagern kamen sie in die Küche: Rinderviertel, Geflügel, Käse, Kisten mit Spargel und Pampelmusen, Speckseiten und Porreestangen. Lagerverwalter orderten die Ware über die Lastenaufzüge. »Vierzig Kisten Blumenkohl, 50 Eimer Quark und schnell acht Körbe Kartoffeln an die Maschine.« Allein vierzig Tonnen Kartoffeln sollten dort unten im Schlund des Schiffes lagern. Zumindest hatte ihm das ein Küchenjunge erzählt.
Wenn man lange genug hinschaute, konnte man erkennen, dass all dieses Rühren und Schmecken, Braten, Kochen und Putzen an nur einer Anrichte und endlich auf nur einem Teller zusammenlief. Zu guter Letzt griff ein Steward mit seinen weißen Handschuhen zu, und das Wunderwerk wurde hinaus in den Speisesaal getragen. Und verschlungen. Nicht selten ganz gedankenlos. Ein beschämendes Ende für ein Kunstwerk, das all diese Menschen zusammengefügt hatten, fand James.
Nicht nur für Miss Sophie, auch für die anwesenden Millionäre und die anderen Taugenichtse war für den 14. April ein besonderes Menü geplant. Alle Einzelheiten des Dinners für den Tisch von Miss Sophie hatte James bereits mit den Chefköchen erörtert. Austern à la Russe, pochierter Lachs in Schaumsauce, Lamm in Mintsauce und gebratenes Lendensteak mit Sauce forestière waren die Eckpfeiler der Speisenfolge, die schließlich mit Pfirsichen in Chartreuse-Gelee, Obst und Käse abgeschlossen wurde.
Erstaunliche Ehren für eine zweifelhafte Miss, die noch nicht einmal den vollen Preis für die erste Klasse bezahlte. Mehr Schein als Sein, so war's im Leben. Von Miss Sophie aller-

dings hatte er mehr erwartet. Warum unterdrückte sie derart vehement ihre Gefühle? War er nicht auch ein Mann? Fühlte er nicht? Litt er nicht? Schluchzte er nicht? War er nicht aus Fleisch und Blut? Und pochte nicht auch in seiner Brust ein hingebungsvolles Herz? Warum weigerte sie sich, die Klassenunterschiede mutig zu überspringen?
Hatte nicht Kapitän Smith selbst beim Morgengottesdienst im Speisesaal von seiner Kanzel neben den Besteckkästen herab gesagt, dass alle Menschen angesichts der göttlichen Herrlichkeit auf das gleiche kleine Maß zusammenschrumpften? Auch Miss Sophie hatte genickt. Doch sie war blind für den aufrechten Mann, der da im Frack eines Butlers steckte. Der Kosmos selbst hatte sie in dieser eisigen Frühlingsnacht mitten auf dem Atlantik zueinandergeführt. Wenn ihr nur nicht Arroganz und Gier die Sicht auf eine gemeinsame Zukunft nehmen würden. Selbst sein Brief hatte ihre Hartherzigkeit nicht mildern können. Im Gegenteil, sie hatte zurückgeschlagen. So betrachtet, tat ihm dieser etwas weltfremde Dr. Breastsucker wirklich leid.
»Die Kuttel-Plörre für die dritte Klasse«, brüllte ein Koch und wuchtete einen gewaltigen Topf auf die Anrichte.

* * *

»Irgendwo muss es sein«, knurrte Finch-Meyers.
»Wenn ich nur wüsste, was genau wir suchen ...«
»Das wissen wir eben nicht.«
Patsymoon Sterlingtree errötete.
Sie zog eine Schublade des Schrankkoffers auf. Breastsucker hatte seine Socken, Sockenhalter, Gamaschen, Unterhemden und Unterhosen fein säuberlich in akkurat ausgerichtete Stöße geordnet.

»Aber wir haben die Kabine bereits vollständig auf den Kopf gestellt.«

»Dann drehen wir sie jetzt wieder auf die Füße. Es muss zu finden sein. Ich rieche es.«

»Vielleicht könnte dies …?«

Sie hielt einen Sockenhalter in die Höhe.

»Und?«

»Der zweite fehlt.«

Finch-Meyers blickte an die Kabinendecke, als erbitte er von einer höheren Macht eine Erlösung bringende Gnade.

»Dieser Breastsucker ist ein Wissenschaftler. Die schreiben alles auf.«

»Und machen aus ihren Notizen ihre Bücher.«

»Ganz genau«, sagte Finch-Meyers.

Er hielt ein Stethoskop in die Höhe.

»Vielleicht hat er sich ja auch als Bordarzt versucht.«

»Bei Miss Sophie?«

»Die Beste wirkt nicht gerade leidend.«

Finch-Meyers blätterte drei dicke Folianten durch. Ein handbeschriebenes Blatt Papier segelte zu Boden.

»Ist es das, Sir?«

Finch-Meyers zog einen Zwicker aus der Tasche seines Jacketts und überflog die Zeilen.

»Höchst aufschlussreich. Eine skizzenhafte psychologische Studie. Also, hier haben wir Miss Sophie, lassen Sie mal sehen … Weit unterdurchschnittlich ausgeprägte Über-Ich-Strukturen … Was um Himmels willen soll das heißen?«

»Sie hat kein Gewissen«, sagte Patsymoon Sterlingtree.

»Und *Sie* wissen das?«

»Ich hatte Gelegenheit, einen längeren Journal-Artikel über diese Psychoanalyse zu lesen, Sir, und da geht es um Triebstrukturen …«

»Ja, das taucht hier auch auf. Angeblich sind sie bei James besonders ausgeprägt. Er habe zudem einen Mutterkomplex und scheine ein Hörigkeitsverhältnis zu Miss Sophie entwickelt zu haben. ›Von gefährlichen Neigungen‹ ist hier die Rede.«

»Er ist ihr Butler. Wie passt das zusammen?«

»Also, hier steht etwas von narzisstischem... Herrgott, warum können sich diese Wissenschaftler nicht ausdrücken wie vernünftige Menschen? Müssen aus allem ein Geheimnis machen.«

»Sie glauben, dass James...?«

»Und hier: ›Eine gewisse Ader zu einer verdrängten Homosexualität ist ihm ebenso zu eigen.‹«

Finch-Meyers schüttelte verzweifelt den Kopf.

»Ja, was denn nun? Ist er scharf auf Miss Sophie oder andersrum? Daraus soll einer schlau werden. Und dann steht hier etwas von einem ›Wächter des Schatzes‹.«

»Ein Schatz?«

»Der in einem ›Dämmerzustand‹ gehalten wird...«

»Nun, mir kommt der Butler zuweilen etwas müde vor. Ich kann ihn mir so gar nicht als ›Wächter eines Schatzes‹ vorstellen. Wenn man ihm so zusieht, wundert es mich, dass es noch intaktes Geschirr im Restaurant gibt.«

»Miss Sterlingtree, Sie meinen, er sei ungeschickt?«

»Sicher, allein die Anordnung der Gläser.«

Finch-Meyers schlug die Faust auf den Tisch.

»Vielleicht ist er gar kein Butler.«

»Zumindest kein sonderlich gut ausgebildeter. Und seine Referenzen würde ich mir auch gerne mal ansehen.«

Finch-Meyer fuhr fort zu lesen. Plötzlich pfiff er durch die Zähne.

»Hören Sie sich das an. ›Dieser trottelige Borddetektiv und seine Konfirmandenschülerin...‹«

»Meint er mich?«
»Also… ›sind munter bei ihrer Gespenstersuche, dabei dürfte sicher sein, dass dieser Fürst Andrej Balgakov…‹«
»Und?«, fragte Patsymoon Sterlingtree.
»Hier brechen die Notizen ab.«
»Womöglich hat Dr. Breastsucker den Zettel gar nicht versteckt, sondern sein Mörder…«
»Unwahrscheinlich. Sicher war er gerade dabei, seine Notizen niederzuschreiben, als er zum Treppenaufgang gerufen wurde.«
»Dann weilt womöglich der Fürst gar nicht mehr an Bord?«
»Genau. Breastsucker wusste, dass Balgakov tot ist, und deshalb musste auch er sterben. So ergibt es einen Sinn.«
»Der Mörder von Smooth Gentle, Breastsucker und Fürst Balgakov ist ein und derselbe?«
Finch-Meyer zupfte sich unablässig am Ohr.
»Ich hatte also recht mit diesem verschlagenen Butler. Aus lauter Liebesgram über die unerreichbare Miss Sophie meuchelt er sich langsam durchs Schiff. Alles, was der von ihm begehrten Herrin schöne Augen macht, wird niedergestreckt.«
»Aber Miss Sophie wirkt gar nicht so… offenherzig«, widersprach Miss Sterlingtree.
»Sehen Sie sich die Männer an ihrem Tisch doch an. Eine gewisse Ausstrahlung ist Miss Sophie durchaus nicht abzusprechen.«
»Also der Butler.«
»Je mehr ich darüber nachdenke, desto sicherer bin ich mir«, bekräftigte Finch-Meyers.
Plötzlich verlosch das Licht.
»Miss Sterlingtree?«
Für solch einen Fall hatte sie immer ein Päckchen Streichhölzer in ihrem Täschchen. Sie riss ein Hölzchen an.

»Mr. Fin...«
Im flackernden Licht erkannte sie nur wenige Zentimeter vor sich das Gesicht eines Mannes. Zunächst konnte sie ihn nur undeutlich erkennen. Lange Haare, Lederjacke...
»Sir, ich meine Fürst Balgakov? Sind Sie es?«
Auch Finch-Meyers schnaufte in der Dunkelheit.
Der Unbekannte warf Miss Sterlingtree ein Päckchen zu und stürzte aus der Kabine. Finch-Meyers machte einen Satz und erwischte den Lichtschalter.
»Das ist... das sind schon wieder Dynamitstangen. Um Himmels willen bleiben Sie stehen.«
Er entriegelte das Bullauge und nahm der erstarrten Miss Sterlingtree das Päckchen aus den Händen. Vorsichtig führte er das Dynamit durch das Bullauge. Patsymoon Sterlingtree stand immer noch neben dem Tisch.
»Haben Sie ihn erkannt?«
»Es war Balgakov.«
»Unmöglich.«
»Kein Zweifel, die langen Haare, die Lederjacke...«
»Also doch.«
»Und was ist jetzt mit dem Butler?«
»Alles passt zusammen, alles...«
Von der Kabinentür her war ein scharrendes Geräusch zu hören. Finch-Meyers legte die Finger auf die Lippen. Vorsichtig wurde die Kabinentür geöffnet.
Miss Sophie trat ein und klatschte in die Hände.
»Huhu, ist das hier ein Kindergeburtstag? Muss ich wohl zum Sackhüpfen antreten?«

Kapitän Smith

»Dieser verdammte Anarchistenlümmel kann doch nicht einfach verschwinden.«

Kapitän Smith stemmte die Arme in die Hüften.

»Auf so einem Schiff kommt nichts weg, es sei denn, ich werfe es über Bord.«

Finch-Meyers wusste, dass er jetzt besser schwieg. Inzwischen konnte er mit den cholerischen Ausbrüchen dieses Kapitäns umgehen.

»Wir haben mit den Matrosen alle Lagerräume und Kohlenbunker durchsucht. Auch in den Kesselräumen, den Maschinenräumen, nichts. Niemand hat etwas gesehen.«

»Oder niemand wollte etwas sehen.«

Finch-Meyers blätterte in seinen Notizen. »Außer den Stiefeln, die Miss Sterlingtree sichergestellt hat ...«

»Wenigstens dazu ist diese frigide Brillenschlange in der Lage.«

»Sir, ich glaube ...«

»Das tut nichts zur Sache. Mann Gottes, wir haben hier zwei Morde an Bord zu beklagen. Zuerst ein Dichter, der eigentlich gar nicht mehr unter den Lebenden weilt, und dann ein angesehener Wissenschaftler, der am Kronleuchter über dem Treppenaufgang aufgeknüpft wird. An einem Büstenhalter! Stellen Sie sich mal die Schlagzeilen in der *New York Times* vor. An einem Büstenhalter!«

»Sir, es sieht nicht nach einem Selbstmord aus. Wir haben keine Leiter gefunden, und na ja, nach allen Recherchen müssen mehrere starke Männer beteiligt gewesen sein.«

»Was soll das jetzt wieder? Treibt womöglich eine ganze Bande ihr Unwesen an Bord?«
»Nun, sie müssen ihn da oben irgendwie hingewuchtet haben. Dr. Breastsucker wog gut und gerne seine achtzig Kilo.«
»Und was, wenn dieser Fürst Balgakov gar nicht der Täter ist? Vielleicht ebenfalls nicht mehr unter den Lebenden weilt? Wenn das so weitergeht, laufen wir mit leeren Kabinen in New York ein.«
»Miss Sterlingtree hat Balgakov in der Kabine von James eindeutig erkannt. Er hat uns mit einer Bombe attackiert.«
»Und sie ist sich dessen sicher? Diese verklemmten Töchter neigen zu hysterischen Halluzinationen. Fragen Sie diesen Professor... Freud. Eine Schande, was aus unseren Akademikern geworden ist.«
»Ich war dabei, Sir.«
»Ich hätte nicht schlecht Lust, dieses verdammte Schiff beim Einlaufen unter Quarantäne zu stellen. Rauf mit der gelben Flagge, und dann dürfen sie alle schmoren. Aber wie sähe das aus? Der modernste und schnellste Luxusdampfer der Welt, und dann unter Quarantäne. Das lockt die Reporter an wie ein Stück Dreck die Fliegen.«
»Sir, wir könnten mit Hilfe der New Yorker Polizei eine gezielte Durchsuchung...«
»Polizei auf meinem Schiff? Kommt nicht in Frage.«
Kapitän Smith verschränkte die Arme auf dem Rücken und lief die Brücke auf und ab.
»Sie werden ihnen einen Schuldigen präsentieren. Diesen Balgakov oder einen anderen Verdächtigen oder...«, schmetterte der Kapitän.
»Oder?«
»Wir werden die Angelegenheit jeweils als bedauerlichen Unfall ins Logbuch eintragen.«

»Das ist gegen das Gesetz.«
»Mr. Hochwürden Finch-Meyers, in Ihrer Kirche ist der liebe Gott das Gesetz, hier an Bord bin ich das Gesetz. Haben Sie verstanden?«
»Gewiss, Sir.«
»Sie werden weiter ermitteln und erstatten mir regelmäßig Bericht. Und Mr. Finch-Meyers ...«
»Ja?«
»Die Zeit wird knapp. Beweisen Sie, dass Sie Ihre Heuer wert sind. Das Leben besteht nicht nur darin, kleinen Mulatten-Mädchen hinterherzusteigen.«

* * *

James polierte die Gläser. Miss Sophie hatte darauf bestanden, dass auch für die drei abwesenden Herren ein Gedeck aufgelegt wurde. Anschließend prüfte er das Rosenbouquet. Das musste man ihr lassen, Perfektionismus stand bei Miss Sophie ganz oben.
Vorne schrammte das Orchester ein »Happy Birthday.« Das sollte wohl eine kleine Überraschung werden. Womöglich war es auch eine Idee dieses Operetten-Kapitäns. Er hatte sich als Gast am Tisch von Miss Sophie angesagt. In Gala-Uniform. Der Schleimbeutel ließ nicht locker, genauso wie zuvor dieser Dr. Breastsucker mit seinen Theorien über die Mütter und die angeblich so dunklen Seelenwelten. Warum musste der sich auch einmischen? Geschah ihm ganz recht. Wahrscheinlich hatte er tatsächlich dieses Bild beiseite geschafft.
Dieses verdammte Bild. Was fanden die Leute an diesen Bildern? Wenn er nur an die unbedarften Schmierereien dachte, die sogar in angesehenen Läden in der Londoner Innenstadt

ausgestellt wurden. Warum waren diese Farbkleckssereien nur in Mode? Impressionismus hieß dieses heitere Farbgemetzel. Selbst ein Kind hätte es besser gekonnt. Das musste wohl auch dieser van Gogh eingesehen haben. Vor lauter Verzweiflung hatte sich der Mann ein Ohr abgeschnitten. Gerade gestern hatte er die Geschichte noch einmal in der bordeigenen Zeitung gelesen. Auch von seinem Malerfreund, diesem Gauguin, berichtete der Artikel. In der Südsee war der Mann gelandet. Hatte dort reihenweise die einheimischen Hula-Mädchen verführt und einen ganzen Stamm von Mischlingskindern gezeugt.

Die Südsee! Vielleicht war das die Lösung aller Probleme. Er würde seinen Servierwagen schnurstracks auf die Brücke schieben, dem Steuermann ein Tranchiermesser an den Hals halten und Kurs auf die Südsee nehmen. Auch Miss Sophies eisige Charakterverhärtung würde das sanfte Klima bald ausheilen.

Vielleicht sollte er dieses Bild einfach aus dem Käfig holen und Miss Sophie wortlos in den Arm drücken. Dann hatte die liebe Seele Ruh. Zu ärgerlich, dass er in der Bordapotheke kein Gift gefunden hatte. Eine anständige Dosis, und der verdammte Tiger wäre mit einem Sprung ins Reich seiner Ahnen gehüpft, könnte jetzt irgendwo im Himmel über der Steppe Sibiriens Kängurus jagen oder Zebras oder was auch immer dort herumlief.

James schenkte sich einen Whisky ein und leerte das Glas in einem Zug. Wärme zog wohlig durch seinen Körper. Vielleicht sollte er sich diesem verdammten Tier von Mann zu Mann, pardon, von Mann zu Tiger stellen? Ein paar Flaschen Whisky zu besorgen war keine Schwierigkeit, doch wie brachte man das Tier zum Trinken? Nun, er konnte ein paar Fleischklumpen dazugeben.

James ließ sich auf einen Stuhl fallen und schlug mit der flachen Hand auf den Tisch. Warum war er nicht früher darauf gekommen?

* * *

»Das ist der Doppelmaschinentelegraph, und da vor dem Steuerrad haben wir den Kreiselkompass. Hier sind die Sprechrohre, und auf der Anzeige erkennst du unsere Geschwindigkeit.«

»22 Knoten«, hauchte Miss Sophie.

»Hier liest man den Druck in den Kesseln ab und ...« Kapitän Smith tätschelte die Anzeige. »Ach Sophie, du hast keine Ahnung, was für ein Feuer in mir tobt.«

Sein Arm fuhr das Messingschild entlang bis zu Miss Sophies weißen Fingern. Sie zog ihre Hand zurück.

»Und mit all diesen komplizierten Geräten kennst du dich aus?«

»Aber, aber, ich bin schließlich der Kapitän!«

Miss Sophie kicherte und strahlte ihn bewundernd an.

»Also, du befehligst Heizer, Zimmerleute, Köche, Matrosen und Mechaniker. Bis an die Küsten von Arabien, Indien und Afrika!«

»Nun ...«

»Ein so starker, ein so entschlossener Mann. Ich weiß gar nicht, was ich sagen soll.«

Kapitän Smith nahm ihre Hand und betrachtete sie ein paar Sekunden. »Elfe«, sagte er und küsste sie auf die Wange.

Abrupt drehte er sich zum Steuermann um.

»Carlington, Sie halten Ihre Augen auf das Wasser gerichtet, ist das klar?«

»Aye, aye, Sir.«

»Sophie-Täubchen, siehst du hier die Zeiger an den Druckmessern?«

»Zittern sie nicht ein wenig?«
»Nun ja, sie befinden sich in der roten Markierung.«
»Und was bedeutet das?«
»Nun, das bedeutet so viel wie die Nacht in New York, die du mir versprochen hast.«
»Oh«, sagte Miss Sophie.
Kapitän Smith strahlte sie an.
»Es wird unvergesslich werden.«
»Unvergesslich«, sagte sie. »Allein, wie du dastehst.«
Kapitän Smith schob den Ellbogen noch ein Stück weiter über den Maschinentelegraphen.
»Wie stehe ich da?«
»Nun, die Pose ist wie gemacht für eine Postkarte.«
Kapitän Smith zuckte zusammen. In diesem Augenblick stürzte ein junger Funkoffizier auf die Brücke und salutierte.
»Eismeldungen, Sir. Alles in allem haben wir sechs Eismeldungen.«
»Verdammte Sauerei«, sagte Kapitän Smith. »Ausgerechnet jetzt.«
Der Funkoffizier salutierte erneut und verließ die Brücke.
»Probleme?«, erkundigte sich Miss Sophie.
»Kein Grund zur Aufregung.«
»Wird jetzt etwa nichts aus unserem Candle-Light-Dinner in New York?«
»Nicht doch, das werde ich mir keinesfalls entgehen lassen. Und schon gar nicht wegen ein paar Klumpen Eis.«
»Lightoller!«, brüllte der Kapitän. Ein Offizier, der mit einem Fernglas etwas abseits gestanden hatte, eilte auf ihn zu.
»Sir?«
»Eiswarnung, Lightoller ...«
»Halbe Kraft, Sir?«
»Wir bleiben bei voller Kraft.«

»Sir, aber wir können doch nicht …«
»Ein zweiter Mann ins Krähennest. Scharfe Ausschau nach Eisbergen.«
»Verstanden, Sir.«
Der Erste Offizier verließ die Brücke.
»Muss ich jetzt Angst haben, Kapitän?«
»Sophie, hier bist du sicher wie in Abrahams Schoß. Dein Kapitän achtet auf dich. Und zum Dinner in New York sind wir auch pünktlich. Die Bande wird Augen machen, wenn wir schon am Dienstagabend einlaufen. Ich sollte telegraphisch einen Tisch bestellen.«
»Aber damit ist die ganze Überraschung verdorben!«
»Da hast du natürlich recht.«
»Vielleicht können wir …«

»Sophie, du machst mich glücklich.«
»Allerdings, mein treuer Kapitän, brauche ich dazu deine Hilfe.«
»Sophie, ich wäre imstande, für dich einen Mord zu begehen.«

* * *

James schob die Flasche durch die Gitterstäbe und ließ den Whisky in den Trinknapf rinnen.
»Szuumindest gehst du einem nich auf die Nerven«, sagte er und warf vier Fleischbrocken in das Gefäß. Der Tiger ließ seinen Schädel auf die Pfoten krachen.
»Uneinen verdammten Stiefel kannss du auch ab, mein Freund. Wenn da nich dieses plüschi ... plüschige Fell wär.«
Der Tiger rülpste und legte sich der Länge nach vor den Napf.
»Meinsdu nicht, du hällst ein Nicherchen ... ein Niiich ... ein Nisch, glaubst du nicht?«
James winkte ab und nahm einen weiteren Schluck. Er prüfte den Pegel und zog eine neue Flasche aus dem Jackett. Das musste jetzt eins, zwei, drei vier ...
»Hassu schon mal ... ich mein inner Steppe. Also, stelldieer vor, da inner Steppe kommt eine Tijer, nein, eine Tijerin hinter dem nächssen Baum und zack ...«
Der Tiger beobachtete James mit halb geöffneten Augen. Er schob eine Tatze durch das Gitter. Ein leises Röcheln drang aus seinem Bauch. James winkte ab.
»Ich sage dir, lass die Finger von Fraun.« James kicherte und blickte dem Tiger tief in die Augen.
»Besonners von Miss Sophie.« James brüllte vor Lachen. Er zog den Korken aus der nächsten Flasche Whisky. »Viel suszäh, der Zahn.«

Ja, was für eine Schinderei. Da hatte er sich doch mal einen ordentlichen Schluck verdient. Tagaus, tagein Kleider aufbügeln, Wäsche ordnen und in die Schiffswäscherei bringen, anziehen, umziehen, und so ganz nebenbei dreimal am Tag servieren. »James, eine Rindsbouillon zur Stärkung bitte« und »James, vergessen Sie nicht meinen Fünf-Uhr-Tee«. James hier und James da. Wenn ihn nicht das Stampfen der Schiffsmotoren daran erinnern würde, er hätte glatt vergessen, dass er sich auf einem Schiff befand.
Nur ab und an stahl er sich am Abend ein paar Stunden und schlenderte hinüber zum Tanzsaal in der dritten Klasse. Hier stank es nach Knoblauch und schlechtem Fusel, doch auf dem Parkett drehten sich die Kroaten, Iren und Schweden, die Russen, Italiener und Griechen zu ihren Tänzen.
Sicher, reich waren diese Leute nicht, aber zumindest strahlten ihre Gesichter Fröhlichkeit aus. Kein Vergleich zu den versteinerten Visagen an den Tischen im Erste-Klasse-Restaurant. Geld zog die schlechte Laune an. Leute mit Geld hatten immer Angst, dass sie es verloren. Nein, das würde bei ihm ganz anders sein.
»Proost, mein Freund. Wir nehm noch einen. Warum wissu verdammtes Vieh nich einschlafen. Du schnarchhs ein bisschen, unnnich hol das Bild und zack, alle sin glücklich.«
James goss die halbe Flasche Whisky in den Napf. Der Tiger schlug die Augen auf und knurrte. James hatte das Gefühl, das warme Finger seine Augenlider herunterdrückten. Aus dem Dunkel löste sich eine Gestalt. Es war Mr. Oscar Smooth Gentle.
»Nun, James?«
»Das ... das kann nicht sein.«
»James, das ist ein Traum.«
»Ach so.«

»Umso schlimmer«, sagte eine Stimme hinter ihm. Es war Dr. Breastsucker, der da auf ihn zutrat.
»Ein Traum ist Wahrheit. Nur zu einer anderen Uhrzeit und in einem anderen Kleid.«
»Aber ich habe die Leiter nicht weggezogen, ich ...«
»James, das Feuer!«
Fürst Andrej Balgakov, der am ganzen Körper erdig wie eine Kartoffel war, zog eine Lunte aus seinem Hosenschlitz und steckte sie in Brand.
»Nun, James? Zählen wir bis drei?«
James versuchte, das Feuer an der Lunte zu löschen, doch es war ganz kalt und glitt immer wieder durch seine Finger. Schleimig war die Lunte, wie ein Aal.
Dr. Breastsucker kicherte. »Ach, der Ärmste hatte eine traumatische Kindheit.«
Fürst Balgakov, Oscar Smooth Gentle und Dr. Breastsucker fassten sich an den Händen und drehten sich im Kreis. »Oh, wie gut, dass niemand weiß, dass ich James McMullen heiß«. Das Lied hatte ihm seine Mutter immer vorgesungen. Jedenfalls so ähnlich.
Die Männer hatten nasse Haare und tiefe Augenhöhlen und klapperten wie Skelette. Wurde hier im Frachtraum der Titanic ein Shakespearesches Drama gegeben?
James drückte sich gegen den Tigerkäfig, da wurde nach ihm gestochert.
»Voll wie tausend irische Werftarbeiter.«
Die Stimme war ihm vertraut. Sie gehörte zu einem Mann in weißer Uniform. Die drei anderen Männer waren verschwunden.
»Es stinkt auf meinem Schiff wie in einer Hafenkneipe.«
»Nun, ich kenne ihn noch nicht so lange, aber James pflegt hin und wieder seltsame Marotten.«

Miss Sophie! Diese zickige Fregatte hetzte schon wieder über ihn.
»Aber warum wirfst du diesen versoffenen Nichtsnutz nicht einfach raus?«, fragte Kapitän Smith.
»Nun, er ist zwar ein wenig einfältig und ungehobelt, aber durchaus brauchbar.«
»Brauchbar«, nannte ihn diese Kuh. James öffnete die Augen. Miss Sophie und Kapitän Smith standen vor dem Tigerkäfig.
»Was sollen wir mit diesem Trottel? Ein wenig Geld wird ihm seinen Abschied versüßen«, sagte der Kapitän.
»Aber, Smithy.«
»Ich will den Mann nicht um mich haben. Fackelschein, der Wind rüttelt an den Zinnen unseres Schlosses, auf dem Tisch der rote Burgunder, und dann taucht dieser Kerl auf. Ist ja ekelhaft.«
»Wenn wir dieses Geschäft abgeschlossen haben, sollten wir uns in der Tat nach einem Nachfolger mit allerersten Referenzen umsehen.«
Soso, er durfte für Miss Sophie die Kohlen aus dem Feuer holen und zum Dank wurde er abgeschoben. Wie ein fauliges Stück Holz, das nicht einmal mehr zum Heizen taugte.
»Ich halte ihn mit der Stange in Schach und du ...«
»Bist du sicher, dass er harmlos ist?«
»Ein wenig verspielt vielleicht.«
»Sophie, wenn ich drin bin, hältst du die Stange hoch.«
»Glaubst du nicht, sie ist ein wenig kurz?«
»Willst du mein Geschick anzweifeln, Sophie?«
»Nur zu, vertrau mir«, säuselte Miss Sophie. »Ich hatte Erfolg, wo starke Männer gestrauchelt sind.«
»Das glaub ich gern.«
»Du musst vorangehen, als drehtest du dich zu einer Masurka, mein Kapitän.«

»Ich fürchte, meine große Zeit als Tänzer ist vorbei.«
James, hätte sich zu gerne aus der Nähe angesehen, was drüben am Tigerkäfig vor sich ging. Er war keinesfalls so betrunken, dass er nicht mehr registriert hätte, was hier gespielt wurde.
»Sophie, die Stange, um Himmels willen ...«
James hörte das Fauchen des Tiger und ein lautes Geräusch wie von reißendem Stoff. Er musste ein Kleidungsstück erwischt haben.
»Sophie, nein ... Sophie. Nein!«
Etwas schlug gegen die Gitterstäbe, dann das Quietschen der Tür. Kapitän Smith keuchte.
»Himmel, das waren nur Zentimeter.«
»Mein Ärmster.«
Uniformierter Waschlappen.
»Und, hast du es gefunden?«
»Keine Spur von deinem Bild.«
Die Stimme von Kapitän Smith klang verschlagen. Tischte er Miss Sophie eine Lüge auf? Konzentriere dich, James. Konzentration!
»Es muss da sein.«
James drehte sich stöhnend zur Seite. Er musste Miss Sophie stoppen. Sie redete sich um Kopf und Kragen. Oder weihte sie den Kapitän ein, um sich zusammen mit dieser Witzfigur ein schönes Leben zu machen, während er im Gefängnis schmorte?

* * *

Diese Sophie war ein flotter Hase. Ein bisschen spröde vielleicht, doch nach kurzer Anwärmzeit kaum noch zu bremsen. Da hatte das Leben auf seiner letzten Fahrt einen erstaunlichen Kurswechsel vollzogen. Er steuerte direkt in den Hafen der Ehe. Kapitän Smith grinste zufrieden.

Eigentlich fühlte er sich als eingefleischter Junggeselle, doch mit einer Heirat dieses Kalibers wurden die Karten neu gemischt. Nur gerecht war das, nach alldem, was er für Krone und Vaterland geleistet hatte.
Sophie hatte von ihrem Anwesen in der Nähe Blackpools berichtet. Von Generation zu Generation weitervererbt. Hoffentlich war der Kasten nicht so zugig. Aber er würde es sich in seinem Schlossflügel schon gemütlich einrichten. Einen Tennisplatz wollte er direkt hinter dem Haus anlegen. Und daneben ein Gewächshaus. Im Alter Orchideen züchten. Oder die Rüstungen der Urahnen putzen. Das machte man so in diesen Kreisen. Vielleicht schaute ab und an Seine Majestät vorbei. Zum Tee.
Doch zunächst galt es, rasch den Hafen von New York zu erreichen. Die Leute bei Laune zu halten. An Bord gab es jede Menge Journalisten, Broadway-Autoren und sogar einen Kriminalschriftsteller. Jacques Futrelle hieß der Mann. Wenn diese Leute Lunte rochen und die Ereignisse dieser mörderischen Atlantiküberquerung ausposaunten … nicht auszudenken! Es würde ein Erdbeben bei der White Star Line auslösen. Vielleicht verweigerte man ihm sogar die sauer verdiente Pension. Dabei war es doch ihm zu verdanken, dass diese Überfahrt bisher, trotz all der Katastrophen an Bord, einigermaßen glimpflich für alle verlaufen war. Für fast alle.
Außerdem hatte er Sophie-Täubchen unter Einsatz seines Lebens die Aufrichtigkeit seiner Liebe bewiesen. Wer ging schon für seine Braut in einen Tigerkäfig? Das war mehr als eine Feuerprobe. Ihrer gemeinsamen Zukunft stand nichts mehr im Wege, nicht einmal dieser seltsame Fürst, der auf dem Schiff herumgeisterte.
Doch Vorsicht war die Mutter der Porzellankiste, und deshalb hatte er sich eine kleine Versicherung organisiert.

»Lightoller, was Neues von den Eisbergen?«
»Der Funkraum übermittelt laufend Warnungen.«
»*Funkraum!* Wer weiß, ob man diesem neuen technischen Firlefanz überhaupt trauen kann. Ohne diesen Funkraum sind wir doch auch ganz gut ausgekommen. Damals. Und besser geschlafen haben wir auch.«
»Temperatur sinkt schnell, Sir.«
»Na, dann schläft der Ausguck im Krähennest wenigstens nicht ein.«

* * *

Wenn es dem Tiger genauso ging wie ihm, dann musste er so gut wie tot sein. James befühlte die Stelle, an der er seinen Kopf vermutete. Verdammter Whisky. Seine Zunge klebte am Gaumen. James schmeckte die schwere Süße von Portwein heraus. Hatte er etwa durcheinander getrunken?
Nein, diese Standfestigkeit hatte er dem Tier dann doch nicht zugetraut. Aber vielleicht verteilte sich der Alkohol bei solch einem langen Kater besser.
Er dachte an die drei Toten, die ihm erschienen waren. Mit nassen Haaren und fiesen Gesichtern. Ach ja, Miss Sophie und ihr sauberer Kapitän waren ebenfalls aufgetaucht. James nickte düster. Dieser windige Kapitän Smith. Eine lächerliche Figur. Gemeingefährlich. Der konnte doch nicht einmal Scheiße von einer Portion Kartoffelpüree unterscheiden. Warum fiel Miss Sophie nur auf so einen herein? Hatte ihr mit seinem Kapitänsgetue und der weißen Uniform den Kopf verdreht. Nichts zu machen. Frauen flogen nun einmal auf Uniformen. Aber Miss Sophie?
James ruderte mit den Armen unter dem Bett. Nach einigen Versuchen erwischte er das Bündel.
Zwei Zangen, vier Schraubenschlüssel, ein Magnet und

zwei wuchtige Hammer kamen zum Vorschein. Hatte er im Maschinenraum mitgehen lassen. Ja, damit würde er der Ruderanlage und auch der Brücke einen Besuch abstatten. Ein bisschen hier drehen und ein bisschen dort hämmern. Eigentlich konnte ihm der Kapitän dankbar sein, dass er endlich mal zeigte, was in ihm steckte. So ohne Geräte und Apparate.

Schließlich fanden die Fischer vom alten Schlag ja auch ohne all das neumodische Zeug den eigenen Hafen. Sicher würde dieser Versager Smith das Kommando an den Ersten Offizier weitergeben. Tja, da konnte Miss Sophie mit eigenen Augen sehen, mit was für einer Lusche sie ihre erste Nacht in New York verbringen wollte.

* * *

Die Herren geleiteten die Damen an ihre Plätze. Der gesamte Erste-Klasse-Speisesaal duftete nach frischen Anemonen, die im schiffseigenen Gewächshaus frisch geschnitten worden sein mussten. Die Windröschen sahen ein wenig verschüchtert aus in all dem Pomp. Für James' Geschmack war die Beleuchtung eine Nuance zu hell. Andererseits stellte man damit sicher, dass die Diamantcolliers und Ringe, die goldenen Ketten und Krawattennadeln nicht übersehen werden konnten. Da plauschten und schwatzten die Modehausbesitzer und Theaterdirektoren, die Fabrikanten und Aktienspekulanten. Der Vize-Präsident der Pennsylvania-Eisenbahngesellschaft war dabei, ein Kohlenminen-Besitzer und selbst ein Berater des amerikanischen Präsidenten. Die feine Gesellschaft in ihrem Glanz. Glücklich sahen sie nicht aus. Eher angestrengt.

Dabei war der Ablauf doch immer gleich. Zunächst wurden die Horsd'œuvres, die Suppe und anschließend der Fisch

serviert. Dann die Entrées, das Sorbet, der Braten, die kalten Gerichte und zum Abschluss das Dessert. Käse und Früchte, selbstverständlich. Und wie immer würden sich die meisten Mitglieder dieser nichtsnutzigen Bagage anschließend in den Empfangsraum begeben, um einen Kaffee oder einen Digestif zu sich zu nehmen. Und wie immer würden die Herren ihre Zigarren anstecken. Langweilig, aber die Leute wollten es nicht anders.
Selbst Miss Sophie hatte sich eine Brosche mit Rubinen an die Bluse gesteckt. Ohne Zweifel eine Fälschung. Wenn sie derartige Pretiosen tatsächlich ihr eigen nennen würde, müsste er nicht in der dritten Klasse hausen.
»James, wenn ich um die Horsd'œuvres bitten dürfte.«
»Sehr wohl, Miss Sophie.«
Kapitän Smith flüsterte ihr etwas ins Ohr. Miss Sophie kicherte affektiert und unwürdig.
»Dürfen wir die Idylle einen Moment stören, Miss Sophie?«
Jessup Finch-Meyers und Miss Sterlingtree nahmen auf den Stühlen Platz, auf denen Dr. Breastsucker und Oscar Smooth Gentle gesessen hatten.
»Zunächst einmal meine allerherzlichsten Glückwünsche zum Geburtstag, Miss Sophie.«
James erwog, ihnen ein Glas Champagner zum Anstoßen zu reichen, unterließ es dann aber. Miss Sophie blitzte ihn schon den ganzen Abend über böse an. Nie konnte man es ihr recht machen.
»Wie schön, dass Sie daran gedacht haben, Mr. Finch-Meyers.«
Auch Patsymoon Sterlingtree gratulierte. Mit einem Knicks.
»Nur sind wir leider nicht gekommen, um die Geburtstagstorte zu probieren. Ich hätte da noch eine Frage.«
»Nur zu, Sherlock Holmes.« Miss Sophie blickte zu James.

Er zuckte zusammen. Das sollte etwas Bestimmtes bedeuten, nur was? Finch-Meyers hatte nichts bemerkt.
»Äh, also Miss Sophie, wie Sie selbst sagten, sind Sie Fürst Balgakov auf dem Gang vor meiner Kabine begegnet. Gerade als er ...«
»Nun, ich habe gesagt, ich bin einem Mann begegnet, der Fürst Balgakov ähnelte.«
»Fein. Ist Ihnen an diesem Mann etwas aufgefallen?«
»Es war dunkel, und ich hatte diese übel riechenden Haare im Gesicht.«
»Sie hatten ...?«
»Ich hatte.«
»Miss Sophie, bitte!«
»Nun, der Mann hatte seine Haare verloren, und bei Licht betrachtet war es nichts anderes als ein mit Schuhcreme eingefärbter Mob.«
»Und das sagen Sie erst jetzt? Haben Sie diesen Mann erkannt, Miss Sophie?«
»Nun, er besaß eine gewisse Ähnlichkeit mit ...«
»Mit wem, Miss Sophie?«
»Nun, ich sage es äußerst ungern, aber er ähnelte ...«
»Ja ...?«
»Er ähnelte James. Wie aus dem Gesicht geschnitten.«
Finch-Meyers stieß hörbar die Luft aus.
»Miss Sophie, das ist ein schwerwiegender Vorwurf.«
»Nun, James neigt zum Schabernack.«
James glaubte die Schiffsplanken der Titanic weit unter sich zu lassen. Aus großer Höhe konnte er auf sich selbst hinuntersehen. Auf einen leicht gebückten Butler, der neben einem Servierwagen stand, die Hände in den weißen Handschuhen leicht erhoben. An den Tischen wurde geplaudert und gelacht, doch um James war eine große Stille. Eine Träne

lief über sein Gesicht. Schließlich war es Miss Sophie höchstpersönlich, die seine Idee aufgegriffen und ihn mit dieser Bombenattrappe und der besagten Verkleidung zu Finch-Meyers geschickt hatte. Ja, sie hatte sogar erneut in Aussicht gestellt, die beträchtlichen Schulden, die sich angesammelt hatten, dem, wie hatte sie noch gesagt, ja, »dem Vergessen anheim fallen zu lassen«. Und jetzt?

»James McMullen, was haben Sie dazu zu sagen?«

Miss Sophie schlug mit einem Löffel auf den Tisch.

»Ähnlichkeit, Mr. Finch-Meyers, ich sprach von einer gewissen ›Ähnlichkeit‹, und ich hoffe doch, dass dieses gute englische Wort Ihnen bekannt ist.«

»›Wie aus dem Gesicht geschnitten‹, sagten sie.«

Ihr Blick streifte James. Sie hob das Kinn und lächelte ihn triumphierend an.

James fühlte sich völlig schwerelos. Um ihn herum war die Luft erfüllt von wunderbarer Musik. Miss Sophies' Lächeln zählte. Sonst nichts.

Alles vorbei. In Handschellen würde er von Bord gehen. Die letzten Jahre seines Lebens in einer kargen Zelle bei Wasser und Brot fristen. Der Klondike musste auf sein nächstes Leben warten. Ein Leben, das er gewiss nicht als Butler verbringen wollte. Er musste sich unbedingt einen Knoten ins Taschentuch machen, bevor er starb. Auf keinen Fall durfte er das vergessen. Wenn die Schinderei in diesem Leben einen Sinn gehabt haben sollte, dann die Erkenntnis: Nicht vergessen, nicht vergessen, werde niemals wieder Butler, arbeite niemals wieder für eine Miss Sophie. Niemals wieder diese maßlose Gier und dieses dekadente Getue der so genannten besseren Gesellschaft.

Ein Zittern durchlief das Schiff. Die Gläser auf dem Tisch klirrten, und ein Teller rutschte vom Servierwagen.

»Was geht hier vor?«, fragte Mr. Finch-Meyers.
Kapitän Smith hob beschwichtigend die Arme.
»Das ist nichts, gar nichts.«
»Ein Erdbeben«, sagte Patsymoon Sterlingtree.
»Wenn schon, dann ein Seebeben«, ergänzte Miss Sophie.
Der Kapitän schüttelte energisch den Kopf.
»Glauben Sie einem alten Seebären, es gibt keinen Grund zur Beunruhigung.«
»Was macht Sie so sicher?«, setzte Finch-Meyers nach.
»Wenn es etwas Wichtiges gäbe, würde in diesem Augenblick ein Adjutant durch die Tür treten und Meldung machen.«
Smith blickte triumphierend zur Eingangstür der ersten Klasse. Diese wurde unverzüglich aufgestoßen, und der Erste Offizier Lightoller trat an den Tisch. Er flüsterte dem Kapitän etwas ins Ohr, der daraufhin ausdruckslos ins Leere starrte. Ein kalkige Blässe breitete sich aus.
»Es ist nichts, es ist wirklich nichts. Wenn Sie mich kurz entschuldigen!«
»Welch trostlos verwaiste Geburtstagsparty«, lamentierte Miss Sophie. »Auch die Schiffsmaschinen sind nicht mehr zu hören. James, würden Sie bitte auf dem Deck nachsehen, ob wir mit Rat und Tat einer armen Seele zur Seite springen können?«
Im Saal der ersten Klasse schien niemand etwas bemerkt zu haben. Zumindest zeigte sich keiner der Passagiere besonders beunruhigt. Miss Sophie lächelte James an, als wäre sie nicht gerade drauf und dran gewesen, ihn ans Messer zu liefern.
James öffnete die Tür zur A-Deck-Promenade und ging zum Bug des Schiffes. Ein eisiger Wind schnitt ihm ins Gesicht. Die Eisstücke auf dem Welldeck bemerkte er zu spät, der Länge nach schlug er hin.

James fluchte. Das war typisch. Dieser Versager Smith hatte die Titanic an den Nordpol gesteuert! Mit ein wenig Verwirrung hatte James nach seiner »Arbeit an der Ruderanlage« durchaus gerechnet. Er hatte den Seilzug ein klein wenig angesägt und die Verankerung gelöst. Wäre doch lustig gewesen, wenn die Titanic plötzlich im Kreis gefahren wäre. Und dann der Spaß mit dem Magneten am Kreiselkompass. Die Nadel war wie festgenagelt. Sah komisch aus.
Aber wer konnte ahnen, dass der Kapitän sich wegen solcher Kleinigkeiten völlig verfahren würde? Ein Spielverderber war dieser Mann. Schließlich hatte er ihn mit seiner Unfähigkeit um einen harmlosen Spaß gebracht. Himmelherrgott, was für einer Niete vertraute man die Verantwortung über ein solches Schiff an?
Eisberge! Hier ging es niemals nach Amerika. Ausgeschlossen. Vielleicht würden gleich noch ein paar Pinguine übers Deck watscheln. Oder gab's die nur am Südpol? Würde ihn jetzt auch nicht mehr wundern, wenn dieser blinde Maulwurf, der sich Kapitän nannte, völlig falsch abgebogen war. Ganz sicher gab es keinen Zusammenhang mit seinem harmlosen Scherz. Es war das nackte Unvermögen dieses Gigolos von Smith. Der Mann musste die Seekarte verkehrt herum gehalten haben.

* * *

»James, was haben Sie mit dem Schiff angestellt?«
»Aber, Miss Sophie . . .«
»Ich denke, das bedarf einer dringenden Klärung. Später«
James knotete ein Band um den Stiel der Pfanne und befestigte alles an seinem Körper. Nein, die würde er nicht zurücklassen. Nicht nach all dem, was sie mitgemacht hatte. Mit ihr hatte er diese Reise begonnen, mit ihr würde er sie beenden.

Da konnte Miss Sophie ihren Spott ruhig kübelweise über ihm ausschütten.

»James, wo befinden sich die Rettungsboote der ersten Klasse?«

»Miss Sophie, ich fürchte, wir werden keine Gelegenheit haben, den Schrankkoffer in eines der Rettungsboote zu wuchten.«

»Platzprobleme?«

»Nun, es sind nicht genügend Rettungsboote vorhanden.«

»Räumen Sie trotzdem die Kleider in den Koffer. Wir wollen hier keine Unordnung hinterlassen. Selbst unter Wasser macht sich das nicht gut.«

Eine Parfüm-Flasche rollte über den Boden. Die Titanic legte sich allmählich auf die Seite. Wie eine schnell gealterte, müde

Frau, die all der Hetze überdrüssig war. Ein Kerzenhalter rutschte vom Tisch, eine Hutschachtel prallte gegen den Bettpfosten.

»Eine äußerst unvorteilhafte Situation«, sagte Miss Sophie. »James, wir haben noch etwas zu erledigen.«

Heftig wurde an die Tür geklopft.

»James, sehen Sie bitte nach, wer sich da die Ruhe nicht hat rauben lassen.«

Die Tür wurde aufgerissen, und vor ihnen baute sich Jessup Finch-Meyers auf. Seine pulsende Ader auf der Stirn war zur Dicke eines Bleistifts angeschwollen. Er streckte ihnen den gefärbten Mob und den Durchschlag eines Telegramms entgegen.

»Miss Sophie, James McMullen?«

»Fein, dass Sie sich an uns erinnern. Besonders in dieser Situation. Was schleppen Sie da für ein totes Tier in meine Kabine?«

»Das ist eine gefärbter Staubmob, der als Perücke missbraucht wurde.«

»Hochinteressant. Und in der Hand halten sie die Bedienungsanleitung, mein scharfsinniger Holmes?«

»So ungefähr, Miss Sophie. Es ist die von Ihnen aufgegebene Anfrage bei einem berühmten New Yorker Kunstsammler.«

»Und?«

Deshalb also hatte sich Miss Sophie in den Funkraum geschlichen. Er hatte ja gleich geahnt, dass da etwas nicht stimmen konnte.

»Ich habe die Kopie aus dem Funkraum. Sie fragen bei einem Sammler an, ob Interesse an der Mona Lisa besteht. Dem Bild, das auf mysteriöse Weise aus dem Pariser Louvre verschwand und hinter dem die gesamte Kunstwelt her ist wie der Teufel hinter dem Weihwasser.«

»Und?«, sagte Miss Sophie. »Hat Ihnen das schlaflose Nächte bereitet?«
»Sie haben sich in den Besitz dieses Bildes gebracht.«
»Balgakov erwähnte die Mona Lisa. Ich habe es selbstverständlich nicht geglaubt, und da wollte ich mich informieren ...«
»Miss Sophie, Sie wollten das Bild weiterverkaufen.«
»Sie sollten Schriftsteller werden.«
»Das Original-Telegramm, das sich in sicherer Verwahrung im Funkraum befindet, ist das Beweisstück. Nun, und mit dieser Perücke versuchte James uns einen höchst lebendigen Fürsten Andrej Balgakov vorzuspielen. Sie sind so etwas wie ein Verbrecherpärchen.«
»Huch, mein Butler und ich ein Pärchen? Mr. Sherlock-Meyers!«
»Lassen Sie die Scherze, Miss Sophie. Sie hatten ein Motiv, die Möglichkeiten, die Mittel und, nicht zu vergessen, die Gemütsverfassung, um diese schrecklichen Taten zu begehen.«
Die hinter Finch-Meyers stehende Miss Sterlingtree hob die abgewetzte Lederjacke in die Höhe.
»Auch das haben wir in der Kabine von James entdeckt. Unter der Matratze.«
»Abenteuerliche Theorien«, sagte Miss Sophie.
Finch-Meyers trommelte auf den Tisch.
»Nun, wir werden den Leichnam von Andrej Balgakov finden, zumindest aber weitere Spuren. Wir werden es Ihnen Stück für Stück nachweisen, wir werden ...«
»Untergehen, Mr. Finch-Meyers. Haben Sie eine Ahnung, wie tief das Meer hier ist?«
Finch-Meyers wollte etwas sagen, bekam aber kein Wort heraus.

»Wenn Sie uns jetzt bitte unsere Vorbereitungen abschließen lassen würden?«

Miss Sophie reichte James ihren Umhang.

»Ich fürchte, es geht ein frisches Lüftchen an Deck.«

Miss Sophie warf Finch-Meyers die Kabinentür vor der Nase zu.

»Wir werden uns wiedersehen, Miss Sophie«, sagte er durch die Tür. »Das ist ein Versprechen.«

»Die Freude wird ganz die meine sein. Wenn Sie mich jetzt bitte entschuldigen wollen?«

* * *

Menschen hasteten durch die Gänge. Nur schnell an Deck, hinauf zu den Rettungsbooten. Einige trugen ihre eilig in Koffer gestopften Habseligkeiten bei sich, andere hatten lediglich einen Mantel über ihren Schlafanzug werfen können. Es musste gegen ein Uhr sein. Ein Kind schrie an der Hand seiner Mutter. Auch der junge Mann, der in der Hafenkneipe das Ticket beim Spiel gewonnen hatte, eilte mit seiner Freundin zum A-Deck. Seltsamerweise trug er Handschellen. Auf dem Boden der Gänge bildeten sich Pfützen.

»Zum Deck geht es hier entlang, Miss Sophie.«

James deutete auf einen Treppenaufgang.

»James, unser Weg führt hinunter, tief hinunter.«

»Aber Miss Sophie!«

»Wir werden das arme Tier nicht einfach dem Atlantik überlassen.«

»Sie wollen doch nicht allen Ernstes diese Katze aus ihrem Käfig lassen? Nach all dem Ärger ...«

»James, wir wollen doch unsere britische Tugenden nicht vergessen. Haltung, James! Denken Sie an die glorreiche

Geschichte des Empire. Noch geben wir das Spiel nicht verloren.«

»Aber, Miss Sophie, wir sind hier nicht auf dem Schlachtfeld.«

»Stimmt, hier geht es bedeutend feuchter zu. Man kann nicht alles haben.«

»Wir sollten uns um einen Platz im Rettungsboot bemühen. Ich hörte diesen Generaldirektor Ismay sagen, dass bei weitem nicht genügend Plätze vorhanden sind.«

»James, glauben Sie im Ernst, ich werde mich mit dem

Pöbel um ein Plätzchen im Rettungsboot zanken? Und außerdem ...«

»Ja, Miss Sophie?«

»Nun, diese beigen Rettungswesten harmonieren nicht im Geringsten mit der Farbe meines Mantels.«

»Aber hier unten ...«

»James, Gott ist mit dem Tüchtigen.«

Im Frachtraum schaukelten ein paar Kisten im Wasser. Gurgelnde und ächzende Geräusche gab die Titanic von sich. Sie klingt wie ein großes sterbendes Tier, dachte James.

Seltsamerweise funktionierte immer noch die elektrische Beleuchtung. Das Automobil hatte sich von seinen Tauen gelöst und stand nun in einer Pfütze. Gerade so, als wollte es gleich über das Wasser fahren.

Der Tiger stieß ein Wimmern aus. Er saß auf seinem Verschlag und legte die Ohren an den Kopf. Miss Sophie öffnete mit einem Schlüssel den Käfig.

»Aber, Miss Sophie, er wird ...«

»Ihm wird sicher nicht nach Fressen zumute sein. James, stellen Sie sich hinter mich.«

Sie ging wirklich bis zum Äußersten.

Der Tiger blickte ungläubig zur Tür und machte einen riesigen Satz. James perlte der Schweiß von der Stirn.

»Wo Sie ihn so brav gefüttert haben, müssen Sie nichts befürchten«, flüsterte Miss Sophie.

James dachte an die Stockhiebe, die er dem Tier versetzt hatte. Und an den Angelhaken. Hoffentlich war die Katze nicht nachtragend.

Der Tiger schnüffelte an einer Kiste und trottete in Richtung des Treppenaufganges. Plötzlich blieb er stehen und blickte auf seine nasse vordere Pfote. Er schüttelte sie einmal kurz aus und patschte weiter.

»Nun rasch hinein in die gute Stube«, sagte Miss Sophie.
Mit ihrem Schirm stocherte sie im Stroh und durchsuchte den Verschlag.
»Widerlich, dieser Geruch«, sagte sie und hielt sich ein Taschentuch vor das Gesicht.
James schob den Fressnapf beiseite und hob den Autoreifen an, auf dem der Tiger gewöhnlich herumkaute.
»Es muss hier sein. Ich habe gesehen, wie Andrej die Kiste hineingeschoben hat.«
»Eine flache Kiste?«, fragte James.
»Oh, Gott sei Dank, dass ist sie, und ganz und gar unversehrt«, flötete Miss Sophie.
Sie zog einen Schraubenzieher aus der Handtasche und hebelte den Deckel der Kiste auf.
»Endlich sind wir ... mein Gott!«
»Leer?«, fragte James.
»James, ich muss doch nicht vermuten, dass Sie die Gelegenheit genutzt haben und ...«
»O nein, Miss Sophie, niemals. Wie sollte ich an die Kiste kommen?«
Laut krachend fiel die obere Luke am Treppenaufgang zu.
»Und jetzt, James?«
»Jetzt gehen wir unter, Miss Sophie.«
»Ein wahres Wort, und so gelassen ausgesprochen. Hätten Sie die Liebenswürdigkeit, zumindest den Versuch einer selbstlosen Rettung in Erwägung zu ziehen?«
James schob die vier riesigen Riegel auf und ließ die seitliche Ladeklappe herunter.
»Was soll das?«
»Langsam kommen lassen und Leine geben, links und rechts gleichzeitig.« Die Kommandos kamen von oben.
Vor ihnen pendelte ein Rettungsboot. Außer den zwei Ru-

derern befanden sich nur Frauen darin. Eine der Damen hatte sich ein Tuch um den Kopf geschwungen, das James entschieden an eines der Nachthemden von Miss Sophie erinnerte. Auch Miss Sophie erkannte ihr Kleidungsstück.
»Smith, du verdammter Feigling, Kapitän Edward J. Smith, komm sofort da raus.«
Die beiden Ruderer sahen sich betroffen an. Die Frau mit dem seltsamen Kopftuch blickt zur Seite und schüttelte den Kopf.
»Du bist hier der Kapitän und der Kapitän geht als Letzter von Bord ...«
Smith zog das Kopftuch herunter.
»Sophie, du verstehst das nicht. Dies ist eine Inspektion. Ich sehe nach, ob alle Rettungsboote in Ordnung sind und ...«
»Du steigst jetzt aus. Und zwar augenblicklich.«
Das Boot stoppte vor der Luke, und der Kapitän blickt flehentlich nach oben zu den Matrosen. Kopfschüttelnd kletterte er in den Frachtraum. Unter dem Mantel verbarg er einen großen eckigen Gegenstand. Draußen wurde das Boot weiter heruntergelassen.
Miss Sophie schlug Kapitän Smith ihre Handtasche über den Kopf. »Du verdammter Feigling. Du hast dich also mit meinem Bild aus dem Staub machen wollen. Und ich habe dir vertraut.«
»Aber, Sophie, das ist ein Missverständnis, wie kommst du darauf? Ich wollte es für uns in Sicherheit bringen.«
»Für uns!«
Miss Sophie riss ihm die Kiste aus der Hand und hebelte sie in Windeseile auf. Sie griff hinein.
»Auch leer«, sagte sie und blitzte ihn an.
»Wie, leer?« Kapitän Smith wühlte in der Holzwolle.
»Sophie-Täubchen, ich schwöre dir, ich hatte noch keine

Gelegenheit nachzusehen. Ich habe die Kisten nur ausgetauscht. Die Ereignisse überstürzen sich, nicht wahr?«
Miss Sophie atmete tief durch. Das Schiff ging weiter in Schieflage.
»Nun, man muss wissen, wann man eine Partie verloren geben muss. Die Schlacht ist verloren, der Krieg geht weiter.«
»Dieser Balgakov...«
»Hatte vielleicht gar kein Bild«, sagte Miss Sophie und stemmte die Arme in die Hüften.
»Was tust du?«
Kapitän Smith schluckte.
»Ich?«
»Warum bist du nicht auf deiner verdammten Brücke?«
»Aber, Sophie, was soll ich denn auf der Brücke? Das Schiff fährt doch gar nicht.«
Der Kapitän grinste schief. Als er sah, wie Miss Sophie mit ihrer Handtasche erneut ausholte, hob er abwehrend die Arme.
»Platz da, der Kapitän ist auf dem Weg zur Brücke«, rief Miss Sophie. Der Kapitän legte die Finger auf die Lippen.
»Nicht, Sophie.«
»James, Sie werden unseren Kapitän auf die Brücke geleiten und ihm laut rufend einen Weg bahnen. Woll'n doch mal sehen, ob du nicht deiner Pflicht nachkommen wirst.«

* * *

Patsymoon Sterlingtree presste das Stoffbündel unter den Arm. So viele merkwürdige Dinge waren auf diesem Schiff passiert. Wer konnte schon mit Sicherheit sagen, dass die Titanic auch wirklich in den Fluten versank? Wenn Sie nun als Geisterschiff über den Atlantik schaukelte und eines Tages jemand das Bild fand? Nie und nimmer durfte diese

Fälschung an Bord bleiben. Wie gut, dass sie diese falsche Mona Lisa gleich an sich genommen hatte. Schließlich hatte Mr. Finch-Meyers recht. Das Wohl und der Ruf der Titanic standen an oberster Stelle. Und ihre Aufgabe war es, beides zu schützen. Nachdem nun das Wohl der Titanic nicht mehr zu retten war, galt es den Ruf in Ehren zu halten. Nein, dieses prächtige Schiff durfte nicht als Fälscher-Dschunke in die Geschichte eingehen. Was würde sonst aus der White Star Line werden, was aus ihrem Arbeitsplatz und was aus dem Leumund von Jessup Finch-Meyers?

Sie würde diese Fälschung anonym in der französischen Botschaft abgeben, und dann konnten die Leute dort darüber befinden, was damit anzufangen war. Mit keinem Sterbenswörtchen würde sie die Titanic erwähnen. Kam gar nicht in Frage. Ein Ehrenmann handelt. Und schweigt.

Vor ihr im Boot saß Jessup Finch-Meyers. Ausdruckslos blickte er zur untergehenden Titanic hinüber, von der immer noch die Musik des Orchesters zu ihnen herüberwehte. Alle Lichter brannten. Die Rufe und Schreie der Menschen wurden lauter. Und auch das Ächzen des Schiffes.

Wie gerne hätte sie Finch-Meyers in den Arm genommen. Er war so dicht am Ziel gewesen. Hatte alles beisammen, und die Verdächtigen so gut wie überführt. Sie hatte diesem Butler und auch Miss Sophie ja nie über den Weg getraut. Laut zischend drang Wasserdampf aus einem der Schornsteine. Die Titanic schickte einen letzten Gruß zu ihnen herüber. Mit den Menschen und den Frachtstücken, den Möbeln und dem Geschirr, den Hunden, Polopferden, Palmen und all dem glitzernden Schmuck sanken jetzt auch sämtliche Beweise auf den Boden des Atlantik.

Neben ihnen in einem der Boote saß dieser verrückte Professor. Im Schein einer Petroleumlampe las er in einem Buch.

Einmal blickte er hinüber zu dem sinkenden Luxusdampfer und nickte ernst. Ganz so, als gehörte das, was dort auf dem Meer passierte, zu einem Roman, als stünde die Wahrheit auf den Seiten vor ihm. Er hatte die Welten gewechselt. Vielleicht der einzige Weg, der uns retten kann, dachte sie.
In einigen Metern Entfernung glaubte sie, die Silhouette eines Tigers zu erkennen, der auf einem Holzstück hockte. Aber das musste wohl eine Halluzination sein. Wie sollte der es aus seinem Käfig geschafft haben. Ganz unmöglich.

* * *

»Und Sie finden dieses Gefährt nicht ein wenig unpassend, James?«
Miss Sophie prüfte mit dem Zeigefinger die Wassertemperatur.
»Abscheulich kalt. Haben Sie den Kapitän auf die Brücke geleitet?«
»Mit Hilfe einiger Matrosen, Miss Sophie.«
»Da gehört er hin, unser Kapitän. Und die Tür zur Brücke…?«
»Verriegelt, mit einem Sessel aus dem Palmengarten, Miss Sophie.«
»Wie schön! Nun wird unser wackerer Smith doch noch ein Held. Ein Jammer nur, dass dieses schöne Bild nicht mehr aufgetaucht ist.«
»Miss Sophie, am besten halten Sie sich an den Beschlägen fest.«
»Ist das wirklich nötig?«
Er wusste gar nicht, warum sie sich so anstellte. Zumindest waren diese Särge solide gezimmert. Sicher, es war nicht gerade appetitlich gewesen, die Toten aus ihren Kisten zu

TITANIC

werfen. Aber die Särge wurden nun einmal für ihre Rettung gebraucht.
James war erstaunt, wie gut sie im Wasser lagen. Wie kanadische Kanus. Viel zu schade, solch solide Zimmermannsarbeiten zu vergraben und den Würmern zum Fraß vorzuwerfen. James zog seine Pfanne unter der Jacke hervor. Auch sie war ihm geblieben.
»Omnia mea mecum porto.«
»Eine Beschwörungsformel, Miss Sophie? Soll ich mitsprechen?«
»Lateinisch, James. ›Was ich brauche, habe ich bei mir‹.«
James war ein wenig mulmig zumute. Meinte sie damit seine Pfanne? Oder womöglich ihn? Und wie meinte sie das? War er ihr Leibeigener, oder nahm sie jetzt die so lange verstummte Stimme ihres Herzens wahr?
Drüben von der Titanic zischten Notraketen in den nächtlichen Himmel.
»Ein Geburtstagsfeuerwerk, wie reizend! Sind wir damit nicht ein bisschen spät dran?«, gab Miss Sophie zu bedenken. Sie zog ihr malvenfarbenes Notizbuch aus ihrem Handtäschchen und notierte eine Zahl.
»James, wissen Sie eigentlich, mit welch stattlicher Summe so ein Dampfer zu Buche schlägt? Manchmal weiß ich gar nicht, wie Sie das alles begleichen wollen.«
»Bitte, Miss Sophie?«
»James, alles in allem kommt da ein hübsches Sümmchen zusammen.«
»Aber …«
»Nun los, James. Erweisen Sie sich als strammer Bursche. Ich möchte keinesfalls mein Leben in diesem klammen Zustand beschließen.«
»Nein, Miss Sophie, aber …«

»Paddeln Sie, James.«
»Miss Sophie...«
»James, sehen Sie nach vorn. Was sehen Sie?«
»Nun, da ist nichts. Es ist dunkel.«
»Unsinn. Da vorn liegt Amerika, James. Nehmen Sie Ihre Pfanne und paddeln Sie.«
»Sehr wohl, Miss Sophie.«
»Der Freiheit entgegen. Nicht wahr, James?«

* * *

Über den Autor

Michael Koglin, geboren 1955, lebt seit dreißig Jahren in Hamburg. Vor, während und nach dem Studium betätigte er sich u. a. als Lagerarbeiter, Reißwolf-Bediener, Videofilm-Vorführer, Kraftfahrer, Bildungsarbeiter, Schauermann, Politologe, Friedensforscher, Kaffeeröster, Preisauszeichner und Privatsekretär. Heute ist er freier Journalist (Mare, Brigitte, NDR, Zeit u. a.) und Schriftsteller mit einem literarischen Gemischtwarenladen. Neben Kriminalromanen verfasste er Kurzgeschichten, Kinder- und Sachbücher sowie zahlreiche Drehbücher. Mehrfach wurde er mit Literaturpreisen ausgezeichnet. Weitere Infos: www.Michael-Koglin.de und www.tigerschwanz.de